조용한 마을의 **공유경제 소동**

파랑새 인문동화 3
조용한 마을의 공유경제 소동
안선모 글 | 로사 그림

1판 1쇄 발행 2020년 3월 9일　1판 7쇄 발행 2025년 4월 30일
펴낸이 정중모　펴낸곳 파랑새　등록 1988년 1월 21일(제406-2000-000202호)
주간 서경진　편집 강정윤　디자인 권순영　마케팅 홍보 김선규, 고다희
디지털콘텐츠 구지영　제작 윤준수　회계 김선애
주소 경기도 파주시 회동길 152　전화 031-955-0670　팩스 031-955-0661　홈페이지 www.bbchild.co.kr
전자우편 bbchild@yolimwon.com　ISBN 978-89-6155-891-4 73810

ⓒ안선모 · 로사, 2020

· 책값은 뒤표지에 있습니다.
· 저자와의 협의에 의해 인지를 생략합니다.
· 저작자와 출판사의 허락 없이 이 책의 일부 또는 전체를 인용하거나 발췌하는 것을 금합니다.

어린이제품안전특별법에 의한 제품 표시
제조자명 파랑새 | 제조년월 2025년 4월 | 제조국 대한민국 | 사용연령 8세 이상

조용한 마을의
공유경제 소동

안선모 글 | 로사 그림

파랑새

| 추천의 글

　미국의 경제학자 제레미 리프킨은 『소유의 종말』이라는 책에서 "개인의 소유는 줄어들고 공유 영역이 넓어질 것"이라 예측했습니다. 그의 예측대로 세상은 빠르게 공유경제 플랫폼을 구축해 가고 있습니다. 얼마 전까지만 해도 생소했던 공유경제라는 낯선 용어가 이제는 익숙해졌죠.

　공유경제란 물품을 소유의 개념이 아니라 서로 빌려 쓰는 개념으로 인식하는 경제활동입니다. 숙박시설을 공유하는 에어비앤비, '따릉이' 등의 자전거 공유 서비스 역시 대표적인 공유경제의 사례입니다. 이런 공유경제 서비스는 저렴한 가격으로 편리하게 누릴 수 있다는 장점이 있죠. 현재는 주방, 자동차 등 다양한 분야에서 공유경제를 접할 수 있어요. SNS 등이 발달한 요즘에는 온라인을 통한 다양한 물건을 공유하고 있기도 해요.

　공유경제의 핵심은 더불어 사는 세상이에요. 한정된 자원을 공유함으로써 많은 사람들이 누릴 수 있게 하고 자연을 보호하죠. 서로가 도움을 주고받으며 공동체성을 느낄 수도 있고요.

　그래서 『조용한 마을의 공유경제 소동』의 출간이 반갑습니다. 많은 어린이 독자들에게 공유경제의 중요성을 쉽게 이해할 수 있는 책이라고 생각해요. 내용도 재미있어서 한 번에 다 읽게 되더라고요. 『조용한 마을의 공유경제 소동』를 어린이들은 물론 어른들에게도 추천하고 싶네요. 많은 독자들이 이 책으로 계기로 공유경제를 더 잘 이해하고 공유경제 실천에 앞장섰으면 합니다.

농협안성교육원 김황식 교수

| 작가의 말

빌려 쓰는 기쁨

어린이 여러분, 혹시 '공유경제'라는 말 알고 계시나요?

2008년 하버드대 로렌스 레식 교수가 처음 사용한 말로 '물건을 소유하는 것이 아니라 서로 빌려 쓰는 형태의 경제활동'이라는 뜻이에요. 우리가 소유하고 있으나 활용하지 않는 물건, 지식, 경험, 자원 등을 서로 빌려주거나 교환하는 것도 공유경제에 속해요.

학교에서 자주 벌이는 '아나바다 운동' 기억하시죠? 아껴 쓰고, 나눠 쓰고, 바꿔 쓰고, 다시 쓰자는 운동. 그것도 공유경제라고 할 수 있답니다.

그렇다면 이러한 공유경제라는 개념은 어떻게 생겨나게 되었을까요?

경제가 어려워지고, 환경 오염이 심해지면서 사람들은 과소비와 환경 오염을 줄이려고 고민했어요. 그때 스마트폰의 등장하면서 공

유경제는 활발해졌지요. SNS 등으로 '공유경제'에 필요한 시스템이 갖춰졌기 때문이에요.

그리하여 장소(빈 방, 집, 카페), 물건(도서관 책꽂이, 열린 옷장, 운동 기구, 사진), 교통(자동차, 자전거), 심지어 지식(콘텐츠, 경험) 등도 공유하게 되었지요.

하지만 이렇게 좋은 공유경제도 두 얼굴을 갖고 있어요. 모두에게 좋을 수만은 없다는 뜻이에요. 시스템이 완전히 정비되지 않아 공유경제로 피해를 보는 사람들이 생기기도 했어요. 이러한 공유경제의 단점을 극복하기 위해서는 더 많은 고민과 서로 간의 신뢰를 쌓기 위한 노력이 바탕이 되어야 한다고 생각해요.

동화 작가 안선모

| 차례

추천의 글   4
작가의 말   6

박글쎄요   11

인기 유튜버   21

 헨리하우스   29

첫 손님   45

불편한 이웃 55

진짜 쓰레기 69

신나는 아르바이트 84

두 얼굴 94

나눔의 기술 106

뭐든지 빌려주는 도서관 117

박글쎄요

"글쎄요! 박글쎄요!"

에코 캐슬의 입구에 들어서는데 등 뒤에서 누군가 큰 소리로 불렀다. 지나가는 사람들이 흘낏흘낏 돌아보았지만 윤기는 못 들은 척 걸어갔다. 민재가 헉헉 가쁜 숨을 내쉬며 달려와 윤기의 목을 뱀처럼 휘감았다.

"헉, 숨 막혀!"

윤기의 비명에 민재가 면박을 주듯 말했다.

"너! 내가 별명 좀 불렀다고 삐친 거야? 대답도 안 하게."

'쳇, 학교에서도 망신 주기, 길에서도 망신 주기! 그러면서 왜 또 친한 척은 하는 거야?'

윤기는 속으로 중얼거렸다. 초등학생 최강 인기 유튜버의 말발을 어떻게 이길 수 있겠는가. 이기지 못할 바에는 차라리 싸우지 않는 것이 낫다고 생각했다. 그런 윤기를 볼 때마다 엄마는 승부욕이 없다고, 그게 없으면 좋은 대학 못 간다고 잔소리를 해 댔다.

앞으로 내딛던 발걸음을 멈추고 윤기가 볼멘소리로 말했다.

"내 이름은 박윤기야. 왜 멀쩡한 이름 놔두고 '박글쎄요'라고 부르냐고!"

그러자 민재가 의기양양 목소리를 높였다.

"새삼스럽게 왜 그래? 네 별명이 '박글쎄요'라는 건 전교생이 다 아는 사실인데."

'전교생이라야 백 명 조금 넘는데 남이 들으면 천 명도 넘는 줄 알겠네. 에구, 대꾸를 하지 말자.'

윤기는 아무 말 없이 언덕을 올라갔다. 윤기네 집은 에코 캐슬 올라가는 언덕 중간에 위치해 있다. 에코 캐슬은 산을 깎아 만든 타운 하우스 마을이다. 언덕 가장 높은 곳에 세 집, 중간에 다섯 집, 아래쪽에 일곱 집 모두 열다섯 채의 집이 모여 살고 있다. 에코 캐슬은 이름 그대로 환경과 생태계를 보호하는 동시에 입주자들이 자연 속에서 편안하고 넉넉한 삶을 누리도록 지어졌다고 한다.

그런데 윤기가 볼 때 에코 캐슬의 사람들은 그다지 편안해 보이지도 넉넉해 보이지도 않았다. 편안하기보다는 높은 데를 향해 가느라 바쁘고, 넉넉하기보다는 돈을 더 벌기 위해 종종걸음을 친다고나 할까? 바로 가까이에 있는 엄마, 아빠를 봐도 그렇다. 아빠는 승진 못할까 봐 전전긍긍, 엄마는 하나밖에 없는 아들이 '인서울' 대학에 못 갈까 봐 전전긍긍하고 있다.

민재네 집은 가장 높은 곳에 있고 윤기네 집은 중간 지점에 있다. 그러니까 중간에 민재랑 헤어질 수 있다는 뜻이다. 그나마 다행이다.

"너, 나 때문에 화났구나? 그렇지?"

민재가 자꾸 쫓아와 약 올리듯 말을 걸었다.

"글쎄."

아, 또 이 말이 나왔다. 윤기는 얼른 제 입을 틀어막았다. 이건 뭐 '글쎄' 귀신이 붙기라도 한 걸까? 왜 자꾸만 글쎄라는 말이 나오는 걸까?

오늘 학교에서 윤기는 또 친구들에게 창피를 당했다. 물론 그것도 '글쎄요' 때문이었다.

도덕 시간이었다. 도덕 시간에는 갈등 상황에 대한 이야기를 듣고, '내가 만약 그 상황에 놓였다면 어떻게 행동할까?'에 대한 토론 수업을 주로 했다.

'토론 수업은 정말 싫어. 대답을 빨리 해야 하니까.'

윤기는 모든 면에서 느렸다. 행동도 생각도 심지어 걷는 것도.

"오늘의 주제는 '인내하며 최선을 다하기'입니다."

담임 선생님이 칠판에 또박또박 주제를 써 내려갔다. 그걸 보면서 윤기가 중얼거렸다.

'인내는 참아야 하는 것. 근데 참으면서 어떻게 최선을 다할 수 있을까? 불가능한 일이야.'

담임 선생님이 곧이어 이야기를 들려주었다. 한 남자가 아내와 살았다. 아내가 병에 걸려 병원에 가야 하는데 돌산에 가로막혀 결국 병원에 가지도 못한 채 죽고 말았다. 남자는 그날부터 무려 22년 동안 산을 깎아 길을 만들었다. 마을에서 병원을 가려면 산을 빙 돌아가야 하는데 남자가 산을 뚫어 55km되는 길을 15km로 줄여 놓았다는 것이다.

이야기가 끝나자마자 아이들이 아우성을 쳤다.

"에이, 너무 무식한 방법이잖아!"

"맞아, 그런 사람이 어디 있어!"

담임 선생님이 아이들을 진정시키고 말을 이었다.

"조용! 자, 자. 실제로 있었던 일이니 의심은 하지 말고. 내가 만약 이 남자라면 어떻게 행동했을지 자신의 생각을 말해 보자."

아이들이 손을 번쩍번쩍 들더니 자신 있게 의견을 내놓았다.

"그 남자는 참 어리석은 것 같습니다. 22년 동안 산을 깎느니 차라리 22년 동안 돈을 벌어 그 마을에 병원을 지었다면 어땠을까요?"

민재의 말에 아이들이 "와!" 하며 손뼉을 쳤다.

"역시 유튜버의 생각은 창의적이야. 그런 것까지 다 생각하다니!"

민재를 향해 엄지 척을 하는 아이들도 보였다.

"마을 사람들이 병원을 쉽게 갈 수 있게 길을 만들었으니 그 남자는 위대한 일을 했다고 생각합니다."

부회장 가을이의 말에 이어 회장 태건이도 의견을 말했다.

"혼자 하지 말고 마을 사람들과 의논하여 같이 했으면 빨리 끝냈을 텐데. 그런 점이 안타깝습니다."

"맞아요. 그러면 그렇게 긴 시간이 걸리지는 않았을 텐데. 그럴 때의 인내는 별로 좋은 인내 같지 않습니다."

아이들이 너도나도 질세라 의견을 말했다.

"무조건 인내하는 것은 좋은 것 같지 않습니다. 우리 집의 경우를 보자면 우리 엄마가 할머니 잔소리를 참다가 말대꾸를 했더니 그다음부터는 할머니 잔소리가 줄었습니다. 그러니까 무조건 인내할 필요가 없다는 거죠."

장난꾸러기 혜성이의 말에 반 아이들이 배꼽을 잡고 웃었다.

"나는 유튜버 활동 시작했을 때 정말 중간에 때려치우고 싶었던 적이 많았습니다. 그래도 꾹 참고 해 왔기 때문에 지금 최강 인기 유튜버가 됐다고 생각합니다."

민재의 말에 아이들이 중얼중얼 한마디씩 했다.

"잘난척쟁이 김민재가 왜 자기 얘길 안 하나 했더니……."

담임 선생님이 아이들을 휙 돌아보더니 윤기를 가리켰다. 발표를 해 보라는 뜻이었다.

"괜찮아, 무슨 말이든 해 봐. 생각에는 맞고 틀리고가 없거든. 윤기, 네 생각은 어떠니?"

윤기가 머리를 긁적이며 천천히 말을 꺼냈다.

"그, 글, 글쎄요."

윤기의 말이 끝나자마자 아이들이 책상을 치며 웃어 댔다.

"오늘도 쟤 저럴 줄 알았어. 날마다 저러잖아."

"쟨 어떻게 자기 생각이 없냐?"

이어서 윤기의 귀에 민재의 목소리가 또렷하게 들렸다.

"저런 아이를 무뇌아라고 하는 거야."

"무뇌아?"

"뇌가 없다는 거지."

그 말에 윤기의 얼굴이 빨개졌다. 누군 발표를 하고 싶지 않아서 그러나? 일어서기만 하면 머릿속이 하얗게 변하는 걸 어떻게 하느냔 말이다.

"근데 쟤 정말 이상하다. 저러면서 어떻게 시험은 또 그렇게 잘 보는지. 90점 아래로 맞은 적이 한 번도 없잖아!"

"만날 커닝하는지도 모르지."

또 민재다.

도덕 시간에 있었던 일이 생각나서 윤기의 얼굴이 빨개졌다. 지우개로 싹싹 지워 버리고 싶은 기억이었다. 그런 기억이 오늘만 있었던 건 아니지만 말이다.

인기 유튜버

점심시간에도 사건은 있었다. 점심시간만 되면 반 아이들은 민재를 빙 둘러싸고 앉아 유튜브 얘기로 이야기꽃을 피운다. 요즘 반에서 가장 인기남은 단연 김민재다.

"얘들아, 나 요즘 너무 행복해. 구독자 수가 드디어 5만을 넘었어."

"거기에는 우리 공도 있어. 우리가 '좋아요'를 막 눌러 줬잖아."

"그래 그래. 이번 주 토요일에 한턱 쏠게."

사실 따지고 보면 민재가 하는 일은 별로 없다. 민재의 누나, 민주는 중학교 1학년인데 한 번도 전교 1등을 놓친 적이 없다고 한다. 유튜브 제목이 '천방지축 내 동생, 스마트한 동생 만들기'인데 거기에 나오는 민주 누나의 공부법이 독특하면서 재미가 있다. 그래서 어른이나 아이나 좋아하는 인기 동영상이 되었다. 무식한 민재가 누나의 공부를 방해하고 누나는 민재에게 공부를 알려 주는 콘텐츠였다. 마구잡이로 누나의 공부를 방해하는 민재의 기상천외한 장난도 재미있고, 그런 동생에게 굴하지 않고 공부법을 전수해 주는 민주 누나의 천연덕스러운 연기도 재미있다.

엄마들은 민주 누나가 가르쳐 주는 실제 공부법이 좋아서, 반 아이들은 민재가 누나 공부를 방해하는 장난이 재미있어서 '좋아요'를 꾹꾹 눌렀다. 윤기도 그랬다.

"나도 유튜버가 되는 게 꿈인데……."

윤기의 입에서 불쑥 이런 말이 나왔다. 시끌시끌한 가운데 그 말을 용케 들은 민재가 한심하다는 듯 말했다.

"말도 느리고, 할 줄 아는 말이 '글쎄요'밖에 없는 네가? 네가 유튜버가 되면 내가 네 동생 한다!"

그러자 부회장 가을이가 윤기의 등을 툭툭 치며 말했다.

"박윤기, 너 민재 형 되고 싶지 않아?"

"그, 글쎄."

"분발해서 꼭 인기 유튜버가 되어 봐."

"그래, 나도 응원한다."

회장 태건이도 한마디 했다. 말은 그렇게 했지만 윤기는 가을이와 태건이가 왠지 자기를 놀리는 것 같았다.

"너희들, 무뇌아가 유튜버가 될 수 있다고 생각하냐?"

민재의 말에 가을이가 다시 한마디 했다.

"그건 모르는 거지. 굼벵이도 구르는 재주가 있다고. 윤기가 해낼지 어떻게 알아?"

"어이구, 한심하다, 한심해. 회장, 부회장이면서 그런 것도 판단 못하다니!"

민재의 말에 마음이 상한 가을이가 자리에서 벌떡 일어나며 외쳤다.

"너, 김민재! 툭하면 회장, 부회장이면서 어쩌구 하는 말 얼마나 기분 나쁜지 알아? 네가 인기 유튜버라는 건 인정하지만 친구를 너무 무시한 건 좋은 태도가 아니야."

다른 친구들이 가을이를 다독이며 자리에 앉혔다.

윤기는 화가 났지만 꾹 참았다. 화를 내 봤자 달라지는 건 없으니까. 그 모습에 몇몇 아이들이 한심하다는 듯 윤기를 바라보았다.

"줏대도 없고, 소신도 없고, 뇌도 없고! 게다가 화날 때 화도 낼 줄 모르고!"

친구들이 놀리고, 선생님이 황당해하고, 엄마와 아빠가 한심스러워 해도 윤기는 아무렇지도 않았다.

'난 생각이 없는 게 아니야. 단지 생각이 빨리 떠오르지 않을 뿐이야. 사람마다 속도가 다르잖아!'

그렇게 생각하니 마음이 편했다.

"야! 박글쎄요! 정신 차려! 무슨 생각하는 거야?"

민재가 윤기의 귀에 대고 소리를 쳤다. 윤기는 그제야 이런저런 생각에서 퍼뜩 깨어났다.

"야! 너희 옆집에 누가 이사 오나 본데?"

고개를 돌려 집 쪽을 바라보니 벌써 작은 트럭이 이삿짐을 내려놓고 떠나려고 시동을 걸고 있었다.

'아, 그렇지 오늘이 바로 옆집이 이사 오는 날이었지!'

옆집이 드디어 팔렸다는 소식을 아침 먹으며 엄마에게 들었던 기억이 났다.

"제발 옆집에 제대로 된 사람이 들어왔으면 좋겠는데."

엄마가 비어 있는 옆집을 보며 심각하게 말했다.

"엄마, 어떤 사람이 제대로 된 사람이야?"

"학벌 좋고, 좋은 직장 다니는 부모에 아이들이 공부 잘 하는 집이면 최고지 뭐. 그렇지, 여보?"

엄마의 대답에 아빠가 고개를 끄덕였다.

"난, 나랑 비슷한 또래의 남자아이가 왔으면 좋겠어. 같이 놀게."

윤기의 말에 엄마가 눈을 흘기며 말했다.

"박윤기, 넌 그렇게 놀고도 모자라니? 그렇게 노는 것 좋아하면 대학은 어떻게 가려고 그래? 대학은 꼭 가야 해, 알겠지?"

엄마랑 대화를 하고 있으면 모든 결론은 공부이고 대학이다. 엄마가 원하는 대학은 바로바로 인서울, 서울에 있는 상위권 대학.

"글쎄요."

윤기의 대답에 엄마의 얼굴이 일그러졌다.

"내가 그렇게 대답하지 말라고 했지?"

그러면서 엄마가 식탁에서 벌떡 일어섰다. 화를 꾹 참는 것

같았다. 엄마는 혼잣말로 중얼중얼 말했다.

"아무리 생각해도 제대로 된 사람은 아닌 것 같아. 아, 불안하다. 이런 곳에 뭐하러 들어오지? 가격이 싸다는 것 빼곤 좋은 게 하나도 없어. 교통도 불편하고 편의시설도 그렇고. 바다가 가까워 툭하면 안개도 잘 끼고."

"공항이 가깝잖아."

아빠가 툭 던지듯 말하자 엄마가 손뼉을 탁 쳤다.

"아! 그렇지!"

그때서야 엄마의 얼굴이 환해졌고 윤기는 그 모습을 보며 집 근처에 공항이 있는 게 다행이라고 여겼다.

"잘 가."

민재를 떼어 놓을 절호의 찬스였다. 윤기는 화닥닥 옆집을 향해 뛰어갔다.

헨리하우스

윤기의 눈에 가장 먼저 들어온 것은 커다란 문패였다. 이사 온 첫날 문패를 달았다는 것도 신기한데 그 문패가 정말 특이했다.

넓적한 나무판자에 분홍 분필로 휘갈겨 쓴 듯 보이지만 뭔가 멋이 느껴지는 문패였다.

윤기는 이 마을로 이사 온 것이 너무 좋았다. 이 마을을 좋아하는 건 아파트와 달리 집집마다 이름이 적힌 문패가 있다는 것이다.

"201호, 그 집에 새로 냉장고 들어왔더라."

"오늘 502호랑 둘이서 쇼핑하기로 했는데 704호 아줌마가 같이 가자고 해서 황당했어."

아파트에 살 때 엄마는 늘 이렇게 말했다.

이 마을에 이사 오면서 윤기네는 303호에서 벗어났다. 이사 오고 일주일 후쯤인가. 윤기네 집에는 아빠와 엄마 이름이 쓰여 있는 문패가 달렸다.

"내가 어른이 되면 나는 온 가족 이름이 다 쓰여 있는 문패를 달 거야."

윤기는 좀 화가 나서 말했다.

어떤 집은 '유명한' 이렇게 한 사람 이름만 쓰여 있는데 아마도 그 집 아이들의 아빠 이름일 것이다.

또 어떤 집은 커다란 하트 모양에 독특한 글귀로 호기심을 자아내기도 한다. 그 집은 바로 민재네 집이다. '모험을 좋아하는 가족 김수철, 이그림, 김민주, 김민재'

그 밖에 '숲속 작은 집'이라는 문패도 있고

'자연 속으로 들어온 가을이네 가족'이라는 문패도 있다.

내려놓은 짐을 보며 허름한 운동복을 입은 아저씨가 골똘히 생각에 잠겨 있었다.

'저 아저씨가 헨리인가? 아무리 봐도 한국 사람 같은데 이름이 왜 그렇지?'

윤기가 쭈뼛쭈뼛 다가가 예의 바르게 인사를 했다.

"안녕하세요, 저는 바로 요기 옆집 사는 박윤기라고 합니다. 아저씨 이름은 헨리? 맞지요?"

"헨리? 하하하! 헨리는 내가 아니고 바로 저기!"

아저씨 말이 끝나자마자 현관문이 열리며 덩치 큰 개가 달려 나왔다.

"어흥컹컹."

처음에는 호랑이 한 마리가 나오는 줄 알았다.

"으악! 사람 살려!"

윤기는 비명 소리와 함께 뒤로 나자빠졌다. 어찌나 세게 넘어졌는지 눈앞이 순간 캄캄했고 엉덩이가 얼얼했다.

"애야, 어디 다치지는 않았냐? 이름이…….."

"윤기, 박윤기라고 합니다."

아저씨가 손을 잡아 주어 윤기는 겨우 일어났다. 정신을 차리고는 엉덩이에 묻은 흙을 툭툭 털었다.

"초면에 미안하구나. 헨리! 환영 인사가 너무 격한 것 아니야?"

아저씨의 말이 끝나자 커다란 개 헨리가 미안한 표정으로 담빡 앉았다. 그리고는 윤기를 멀뚱멀뚱 쳐다보았다. 눈매가 매서웠지만 왠지 순해 보였다. 윤기는 두려운 얼굴로 겨우 헨리와 눈을 맞추었다. 헨리의 눈동자 속에 엉거주춤 서 있는 자신의 모습이 보였다.

"시, 시베리안 허스키인가요?"

시베리안 허스키는 윤기가 홀딱 반해 키우고 싶다고 노래를 불렀던 개였다. 엄마는 늘 단독주택으로 이사하면 키울 수 있게 해 주겠다고 했다. 하지만 단독 주택으로 이사 온 지금도 여전히 '노(No)'였다. 이제는 공부에 방해가 된다는 이유였다. 개를 키우면 정말 공부에 방해되느냐고 되묻지는 않았다. 어차피 안 될 거 그냥 그러려니 하고 포기하는 게 편했다.

"시베리안 허스키랑 비슷하지? 근데 헨리는 말라뮤트야."

그러고 보니 정말 시베리안 허스키와 말라뮤트는 구분이 안 될 정도로 비슷하게 생겼다. 사람을 꿰뚫어 보는 듯 예리한 눈매와 큰 덩치, 진회색 털까지.

"허스키는 시베리아가 고향이고, 말라뮤트는 알래스카가 고향이지. 허스키보다 말라뮤트가 덩치가 더 크고."

아저씨의 설명을 들으니 좀 구분이 될 듯도 하였다.

헨리는 순하게 눈망울을 말똥거리며 계속 윤기를 쳐다보았다. 윤기가 겁먹은 얼굴로 경계심을 풀지 않자, 헨리가 어딘가로 달려가 나무 막대기를 물고 왔다.

'나무 막대기로 같이 놀자는 애긴가? 아! 이걸 던져 달라는 뜻인가 보다.'

윤기는 살짝 떨리는 마음으로 헨리가 물고 온 나무 막대기를 잡아당겼다. 어찌나 세게 물고 있는지 나무 막대기는 끄덕도 하지 않았다.

"나는 너를 해칠 마음이 전혀 없어. 헨리는 지금 그렇게 말하고 있는 거야."

아저씨가 윤기를 보고 웃으며 말했다.

"근데 아저씨, 이삿짐이 왜 이렇게 적어요? 냉장고도 이렇게 작고. 아, 그러고 보니 세탁기는 아예 없네요."

여유를 찾은 윤기가 이상하다는 듯 고개를 갸웃했다.

"세탁기가 왜 필요해? 빌트인(built in: 집이나 사무실 등에 필요한 각종 기기나 가구 등을 건물에 갖추게 하는 공법)되어 있는 거 확인했는데."

"우리 집은 이사 오면서 모조리 다 바꾸었어요. 냉장고도 바꾸었고 세탁기도 바꾸었고 소파도 집에 어울리지 않는다고 새로 바꾸고. 참! 식탁도 바꾸었는걸요."

"아들은 바꾸지 않은 게 다행이구나."

윤기가 그 말에 풋! 하고 웃었다. 이상한 일이었다. 오늘 처음 만난 아저씨인데 마음이 참 편안했다.

"헨리! 이제 손님을 안으로 안내해 보자."

아저씨의 말이 끝나자 헨리가 따라오라는 듯 윤기를 돌아보았다. 윤기는 자석에 끌리듯 옆집으로 들어갔다. 짐이 없으니 윤기네 집보다 두 배 이상 넓어 보였다.

헨리의 커다란 집, 헨리의 물병, 헨리의 밥그릇, 헨리의 장난감들은 거실 한쪽에 이미 자리 잡고 있었다. 헨리는 점잖게 앉아 있었다. 마치 이삿짐 놓는 것을 감독하는 듯이.

"여기에 책상을 놓고, 노트북을 올려놓으면 되겠네. 라디오는 부엌 식탁에 갖다 놓고."

"식탁이 없는데요?"

라디오를 들어 부엌 쪽으로 가던 윤기가 말했다.

"어, 일단 아무데나 놓아 줄래? 식탁과 2층 침대는 인터넷 중고 사이트에서 다 주문해 놨으니 곧 올 거고, 가장 급한 건 인터넷 연결인데."

아저씨는 밖이 보이는 거실 창문 쪽을 내다보며 혼잣말을 했다. 그 말을 알아듣기라도 한 듯 신기하게 인터넷 설치 기사가 대문으로 들어섰다.

아저씨가 그 모습에 미소를 지었다.

"책 상자가 문제군. 흠, 그건 일단 캐리어를 이용해 1층 작은 방으로 옮겨 놓으면 되고. 책상 드는 것 좀 도와줄 수 있을까, 윤기군!"

"예, 그럴게요."

텅 빈 집을 둘러보던 윤기는 잽싸게 앞뜰로 나갔다. 아저씨와 책상을 마주잡고 거실로 들어오자, 마침 인터넷 설치가 끝났다. 아저씨는 거실 창가에 책상을 놓고 그 위에 노트북을 놓았다. 인터넷 연결이 된 노트북에 바다색 화면이 나타났고 뒤이어 헨리하우스란 제목이 크게 떴다. 노트북 화면에 '헨리하우스에 온 것을 환영합니다!"라는 글귀가 동시에 떴다.

"헨리하우스 블로그란다. 나는 에어비앤비를 운영하고 있단다. 에어비앤비 알지?"

윤기는 안다고도 못하고 모른다고도 못한 채 노트북 화면을 뚫어지게 바라보았다. 흔히 보던 블로그와 거의 비슷했다. 블로그의 이름이 개 이름이라는 것 빼고는.

"아저씨, 이 물건들 다 안으로 들여가면 되지요?"

"응, 일단 작은 방에 넣어 주렴."

"근데 아저씨, 자동차는 어디에 있어요? 왜 자동차가 안 보이지요?"

"자동차? 그런 거 없다."

'아, 그러고 보니 이 아저씨 자가용도 없네. 우리 집처럼 부자가 아닌 집도 두 대나 있는 자가용이 없다니! 완전 특이한 사람이다.'

그러면서 윤기는 왠지 이 아저씨에게 관심이 갔다. 낯선 사람에게 관심 가져 보기는 정말 오랜만이었다.

해가 뉘엿뉘엿 지고 있었다. 울타리 밖에서 그림자 둘이 어른거리는 게 보였다.

"저희들도 좀 도와드리면 안 될까요?"

언제 왔는지 민재와 민주 누나가 울타리 밖에 서 있었다.

"다 날랐는데?"

윤기의 말에 아저씨가 반가운 듯 말했다.

"같은 주민이 도와준다고 하니 정말 기분 좋네. 어서 들어오렴."

민재와 민주 누나는 남은 몇 가지 물건들을 들고 집 안으로 들어왔다.

"어머나, 이렇게 이삿짐이 적은 집은 처음 봤어요. 없는 게 너무 많은데요?"

민주 누나의 말에 민재가 맞장구를 쳤다.

"소파도 없고, 텔레비전도 없고, 에어컨도 없고. 아저씬 도대체 뭐하는 분이세요?"

궁금한 걸 못 참겠다는 듯 민재가 물었다.

"뭐 하는 사람 같으냐?"

"글쎄요."

역시 윤기는 이렇게 대답했고, 민재는 '백수' 같다고 대답했다. 민주 누나가 눈살을 찌푸렸다. 처음 만나는 어른에게 무슨 말이 그렇니, 그런 뜻이었다.

"백수는 절대 아니고, 대학에서 경제를 가르치고 있단다."

"와, 대단하시네요. 물론 인서울 대학이겠죠?"

윤기의 말에 아저씨가 피식 웃으며 고개를 끄덕였다. 그렇다면 엄마가 말하는 괜찮은 이웃임이 분명했다. 인서울에 있는 대학에서 그것도 학생들을 가르치는 교수님이라니.

"그나저나 이렇게 가구가 없어서 어떻게 살아요?"

민재의 말에 아저씨가 아무 문제없다는 듯 대답했다.

"그때그때 필요한 게 있으면 벼룩시장에서 사면 되지."

윤기가 눈을 동그랗게 뜨고 물었다.

"벼룩시장이요? 그게 뭔데요?"

아저씨의 대답을 기다리기도 전에 민주 누나가 얼른 대답했다.

"온갖 종류의 중고품을 사고파는 시장을 말하는데, 영어로는 플리마켓(flea market)이라고 하지."

"근데 왜 하필 벼룩이지요? 벼룩은 인간에게 해를 주는 벌

레 아닌가?"

민재가 이상하다는 듯 묻자 민주 누나가 신나게 설명을 했다.

"벼룩이라고 이름이 붙여진 것에는 여러 가지 설이 있어. 첫째, 벼룩이 들끓을 정도로 오래된 물품을 팔기 때문이라는 설. 둘째, 프랑스 파리에는 일정한 자리를 할당받아 장사를 하는 정규 벼룩과 무허가 벼룩이 있는데 경찰이 단속을 나오면 무허가 벼룩 판매자들이 반대편에 가서 물건을 팔거나 감쪽같이 없어졌다가 경찰이 가면 다시 원래 자리로 돌아오는 모습이 마치 벼룩이 뛰는 것 같다고 해서 그런 이름이 붙여졌다는 설이 있지. 마지막 설은 프랑스어 '뿌세'가 벼룩이라는 뜻 외에 '암갈색'이라는 의미를 갖고 있어서 오래된 가구나 골동품을 파는 데서 유래했다는 설이야."

"우와!"

아저씨와 윤기, 민재 세 사람이 입을 벌리고 놀랍다는 듯 민주 누나를 동시에 쳐다보았다.

"아저씨, 우리 누나와 나는 인기 유튜버예요, 아마도 모르시겠지만."

민재의 말에 민주 누나가 어깨를 쓱 올렸다. '이 정도는 뭐, 껌이지요.' 이런 느낌이었다.

"그럼, 한번 시범을 보여 줄래?"

처음 보는 아저씨의 요청에 민주 누나는 기죽지 않고 말을 시작했다.

"여러분, 안녕하세요? 오늘은 플리마켓과 프리마켓에 대해 알려줄게요. 이 두 가지를 헷갈려 하는 학생들이 많은 것 같아서요. 우선 플리(flea)는 벼룩이라는 뜻이고, 프리(free)는 자유라는 뜻인 건 아시죠? 일단 발음이 완전히 달라요. 플리는 L 발음이 들어가서 혓바닥을 입천장에 딱 붙여서 발음해야 하고요, 프리는 R 발음으로 입천장에 닿으면 안 됩니다.

플리마켓은 중고 물품을 파는 시장이고요. 프리마켓은 말 그대로 자유 시장, 자본주의 국가에서 흔히 볼 수 있는 시장을 상상하시면 됩니다."

과연 인기 유튜버다웠다. 어떻게 하면 즉석에서 저렇게 말을 이어 나갈 수 있을까?

윤기는 기가 팍 죽었다. 유튜버가 되고 싶다는 말을 한 자신이 너무 부끄러웠다.

아저씨가 엄지 척을 했다. 윤기도 따라 엄지 척을 했다. 민재가 싱글벙글 웃다가 윤기에게 오른손 엄지와 집게손가락으로 총 모양을 만들어 말없이 메시지를 날렸다.
　'팡팡! 빵빵! 유튜버가 되겠다는 꿈은 일찌감치 버리는 게 좋을걸!'
　윤기의 귀에는 그렇게 들렸다.

첫 손님

수요일 오후였다. 전교생이 모두 4교시까지만 수업하는 날이었다.

"와, 해방의 날이다!"

반 아이들이 교실 밖으로 뛰쳐나갔다.

"애들아, 오후에 너희들 뭐 할 거야? 우리 오랜만에 공항에 놀러 갈래?"

민재의 제안에 몇몇 아이들이 OK를 외치며 만날 시간을 정했다. 부회장 가을이와 혜지도 함께하기로 약속을 한 모양이었다.

윤기는 세 아이의 뒤에서 터덜터덜 발걸음을 옮겼다.

"윤기도 데리고 갈까?"

가을이가 민재와 혜지에게 속닥거리는 소리가 들렸다.

"쟤, 좀 답답하지 않아?"

혜지의 대답에 이어 민재의 대답이 들렸다.

"그래, 글쎄요는 데리고 가지 말고 우리끼리 가서 신나게 놀자."

윤기는 기분은 좀 나빴지만 신경 쓰지 않기로 했다. 딱히 할 일은 없지만 헨리하고 노는 것도 좋을 듯 싶었다. 오늘은 옆집 아저씨가 서울로 강의 나가는 날이라 아마도 헨리 혼자 있을 것이다.

그때였다. 에코 캐슬 정문을 들어가려는 참인데 외국 여자 두 명이 두리번거리며 뭔가를 찾고 있었다.

"캔 아이 헬프 유?(Can I help you? 제가 좀 도와드릴까요?)"

가을이가 어느 틈에 다가가 말을 걸었다.

"헨리하우스가 어딘지 알아요? 우리는 거기를 찾고 있어요."

노랑머리 외국인 누나의 입에서 나오는 유창한 한국말에 가을이가 머쓱한 표정을 지었다.

"헨리하우스는 제가 잘 알아요. 바로 우리 옆집이거든요."

윤기가 한 발자국 앞으로 나서며 말했다. 윤기의 말에 휴대폰을 들고 골똘히 들여다보던 까만 곱슬머리 외국인 누나가 고개를 갸웃했다.

"아무리 찾아도 지도에는 안 나오네."

윤기는 외국인 누나들을 신기한 듯 바라보았다. 어쩌면 이렇게 한국어를 잘하는 걸까? 나보다 한국어 실력이 훨씬 나은걸! 그런 윤기의 마음을 짐작했다는 듯 곱슬머리 누나가 말했다.

"우리는 한글 어학당에 다니는 학생인데 헨리하우스에서 하루 묵으려고 해요. 내일 미국 집에 가는 오후 비행기를 타야 하거든요."

"그렇다면 헨리하우스 첫 손님이네요. 바로 우리 옆집이니 제가 안내할게요."

윤기가 자신만만하게 말했다.

"어머, 참 싹싹하고 예의 바릅니다. 나는 캐리라고 해요."

노랑머리 누나의 말에 곱슬머리 누나도 얼른 자기소개를 했다.

"나는 주디예요."

윤기는 두 누나들과 헨리하우스로 들어갔다. 민재, 가을이, 혜지가 그런 윤기를 부러운 듯 바라보았다.

헨리하우스 대문은 활짝 열려 있었다.

"현관문은 잠겨 있을 텐데……."

윤기가 걱정스러운 듯 현관 쪽을 바라보았다.

"걱정하지 마. 메일로 열쇠가 있는 곳을 안내받았어."

노랑머리 캐리 누나가 넓적한 문패를 뒤로 젖히니 달랑달랑 두 개의 열쇠가 달려 있었다.

'아, 저런 방법이 있었군.'

자기 집인 것처럼 캐리 누나와 주디 누나가 현관문을 열고 들어갔다. 환영한다는 듯 헨리가 현관 앞에 의젓하게 앉아 있었다.

"오, 네가 헨리구나, 헨리 반가워."

누나들이 헨리와 인사를 나누고 자기들 방을 찾아 들어갔다.

"누나들, 뭐 필요한 거 없으세요?"

"없어. 필요한 거 있으면 헨리한테 물어보면 다 알아서 찾아 준다던데?"

"헨리가 찾아 준다고요?"

"응, 수건이 모자라면 수건을 가리키면 된대. 그러면 헨리가 수건이 들어 있는 바구니를 갖다 준다던데? 우리가 이 집에 온 건 바로 그런 헨리를 보기 위해서라고!"

캐리 누나는 가방에서 노트북을 꺼내 뭔가를 들여다보고, 주디 누나는 샤워를 하겠다고 욕실로 들어갔다.

"저, 이제 갈게요."

현관 앞에서 어정쩡하게 서 있던 윤기는 얼른 집으로 돌아왔다. 집에 돌아와서도 괜히 서성대며 옆집을 바라보았다. 누나들은 헨리와 무엇을 하고 있을까?

그러다 보니 어느새 엄마가 퇴근할 시간이었다. 이른 저녁을 먹고 나서도 윤기는 자꾸만 옆집이 궁금했다. 아저씨도 없는데 저녁은 잘 챙겨 먹었는지, 뭐 필요한 것은 없는지.

날이 어둑어둑해지기 시작했지만 윤기는 배드민턴 라켓을 챙겨 옆집으로 건너갔다. 거실 안에서 윤기의 모습을 발견한 캐리 누나가 맨발로 달려 나왔다.

"윤기! 그렇잖아도 몸이 비비 꼬이던 참인데."

윤기는 캐리 누나와 배드민턴을 쳤다.

그때 쓰레기를 버리러 나왔던 엄마가 윤기를 발견하고 깜짝 놀라 손사래를 쳤다.

"박윤기! 너, 주인도 없는 집에 왜 들어가 있어?"

"주인이 왜 없어요? 헨리 있잖아요."

"시끄러워, 개가 무슨 주인이라고! 그리고 이 사람은 누구니? 아는 사람이니?"

"오늘 만나서 친구가 됐어요."

"뭐라고? 친구라고? 저 외국인 여자가 네 친구라고? 지나

가는 개가 웃겠다."

　엄마가 콧방귀를 뀌자 윤기가 얼굴이 빨개져서 엄마한테 달려가 속삭였다.

"엄마, 다 알아들어요."

"뭐?"

"한국말 다 알아듣는다고요?"

　윤기의 말에 엄마가 화들짝 놀란 표정을 지었다. 그러다 윤기의 팔을 잡아당기며 한마디 했다.

"박윤기, 빨리 들어와. 문제집 풀 거 남았잖아."

배드민턴을 세 세트 치고 집으로 들어가니 어쩐 일인지 민재 엄마가 놀러와 있었다. 저녁에 놀러오는 일은 처음이었다. 민재 엄마는 궁금한 게 있으면 꼭 알아내는 성격이다.

"오늘 우리 에코 캐슬에 낯선 사람들이 들어왔다면서요? 그 새로 이사 온 바로 옆집에 말이에요. 불안해 죽겠어요."

"외국인 여자 두 명이 지금 그 집에 묵고 있나 봐요. 불법 숙박업소 운영하는 건 아닌지 모르겠어요."

그때 윤기가 얼른 나섰다.

"그게 아니고 에어비앤비라고 들었어요."

"에어비앤비라면 숙박업소 아닌가? 그런데 어쨌든 방 빌려주고 돈 받는 거 불법 아닌가? 내일 구청에 알아봐야겠다."

민재 엄마가 열을 올리며 말했다.

다음 날 아침, 학교에 가면서 윤기는 헨리하우스를 기웃거렸다. 마침 헨리와 산책 가기 위해 나오던 캐리 누나와 주디 누나를 만났다. 캐리 누나가 인사했다.

"윤기, 어제는 고마웠어요. 우리는 헨리랑 산책도 하고 느긋하게 지내다 오후에 비행기를 탈 거예요."

윤기는 남의 집에서 자 본 적이 없기 때문에 그 느낌이 궁금했다.

"누나들, 그런데 헨리하우스 어때요? 내 집이 아니라 불편할 것 같은데?"

윤기의 물음에 두 누나가 눈을 둥그렇게 뜨고 대답했다.

"오, 노(No!) 무척 편하고 좋아. 꼭 우리 집에 온 것 같은 느낌이었어. 가격도 싸서 부담이 없고."

"헨리랑 함께 지내서 더 좋았고! 얼굴 못 본 주인 아저씨에게 고맙다는 인사 전해 줘. 물론 쪽지를 써 놓긴 했어."

윤기는 에어비앤비 시스템을 이용하면 세계 어느 곳을 가든지 필요에 따라 싼 가격으로 방을 구해 지낼 수 있다는 것이 참 신기했다. 외국에 가면 꼭 호텔만 이용하는 줄 알았는데 그게 아니었다. 집을 내준 가족과 함께 지낼 수 있다는 것도 신기했다.

불편한 이웃

금요일, 오전이 되자 아저씨가 에코 캐슬 사람들에게 인사를 하러 다녔다.

"남쪽에 살던 집 정리하고 가족들과 올라오느라 인사가 늦었습니다. 제 이름은 오경제라고 합니다. 주위 사람들은 저를 오지랖 박사라고 부르죠."

"오지랖 박사요? 딱 어울리는 별명이네요."

윤기의 엄마가 무심히 말하다 아차 싶은지 입을 가렸다. 옆에 있던 윤기의 얼굴이 빨개졌다. 아빠는 남의 일에 참견 잘하는 사람이 바로 이웃으로 이사 와서 앞으로 귀찮은 일이 많겠군, 하는 난감한 표정을 지었다.

"가족은 어떻게 되세요?"

"예, 아내와 딸 하나가 있습니다. 아마 이 댁 아드님과 같은 나이인 걸로 알고 있습니다."

윤기는 처음 듣는 동갑내기 딸 얘기에 귀가 번쩍했다. 남자 아이가 아닌 게 좀 아쉬웠지만 그래도 어떠랴. 동갑이니 말이 통하지 않을까?

"제 아내와 딸은 학교에 입학 수속하러 갔습니다. 곧 돌아올 겁니다. 돌아오면 그때 다시 인사시키도록 하지요."

윤기는 어른들 틈에 앉아 있으면서도 눈은 계속 밖을 내다보았다. 어떤 아이일까? 얼굴도 예쁘고 성격도 좋았으면 좋겠다. 만약 코드가 영 안 맞는 애면 어떡하지?

"이 마을에는 구석구석 남아도는 땅이 많더군요. 윤기 아버님, 저와 함께 그 땅을 경작해 보실 생각이 없으신지요?"

그러자 아빠가 질색을 하며 손을 내저었다.

"아, 저는 풀 알레르기가 있습니다."

"아, 그렇습니까? 그렇다면 윤기, 너는 어떠냐? 너도 풀 알레르기 있냐?"

윤기가 고개를 살래살래 흔들었다. 그런데 엄마는 그 뜻이

경작하지 않겠다는 뜻으로 이해하였는지 흐뭇한 미소를 지었다. 사실은 나는 '풀 알레르기가 없으니 할 수도 있지요.'라는 뜻이었는데 말이다.

"바쁜데 뭐하러 땅을 갈고, 또 뭘 심어요? 그냥 사다 먹으면 될 것을."

아빠의 말에 오지랖 박사님이 웃으며 말했다.

"직접 가꾼 것을 한번 드셔 보시면 생각이 바뀔 겁니다. 사 먹는 것과는 영 다르거든요."

오지랖 박사님의 말에 엄마와 아빠가 못 들은 척 다른 곳을 쳐다보았다.

밖에서 두런거리는 소리가 나서 윤기가 얼른 현관문을 열었다.

"안녕하세요? 저는 오경제 박사님 딸 오리온입니다. 이분은 저의 엄마예요."

양갈래 머리를 땋은 여자아이가 헨리와 함께 현관 앞에 서 있었다. 그 아이의 뒤에서 후광이 비쳤다. 그 옆에는 오지랖 박사님의 부인이 서 계셨다. 부인의 뒤에서도 아련한 후광이 비쳤다. 이게 무슨 일이지? 윤기는 눈을 비비고 얼른 두 사람을 맞이했다.

"어, 어. 들어와. 어머니도 이쪽으로 들어오세요."

그때 현관으로 다가오던 엄마가 질색을 하며 외쳤다.

"개는 안 돼요. 저, 알레르기 있어요."

"그럼, 여기서 인사드리고 갈게요. 이건 엄마가 만든 쿠키예요."

리온이가 접시에 담긴 쿠키를 내밀었다. 윤기는 접시를 어정쩡하게 서서 받고는 멍하니 리온이와 리온이 엄마가 옆집으로 가는 것을 쳐다보았다. 잠깐이라도 헨리와 같이 들어왔다 가면 좋았을 텐데. 그런데 잘 생각해 보니 엄마가 털 알레르기 있다는 말은 들어 본 적이 없었다. 순간 섭섭한 마음이 들었다.

오지랖 박사님이 조심스럽게 말을 꺼냈다.

"다른 집에서 뭘 하나 제안했었는데 워낙 반대가 심하더라고요."

"무슨 얘긴데요?"

엄마가 불안한 눈빛으로 오지랖 박사님을 쳐다보았다.

"윤기네 집과 우리 집이라도 울타리를 없애면 어떨까……."

"그건 안 돼요!"

오지랖 박사님의 말이 끝나기도 전에 엄마가 큰 소리로 외쳤다.

"울타리를 없애다니요?"

아빠가 다시 묻자 오지랖 박사님이 천천히 말을 이었다.

"말 그대로 집과 집 사이를 막고 있는 울타리를 없애는 거죠."

"어머머! 말도 안 되는 소리예요. 부모 자식 간에도 담을 쌓고 사는데 무슨……."

얼굴까지 빨개진 엄마의 목소리가 커졌다.

"우선은 사생활 침해 때문에 안 되고요. 또 그 집 개가 우리 집 뜰에 와서 나무를 망쳐 놓거나 똥을 눌 지도 모르고요."

"아, 헨리는 그런 친구가 아닙니다."

윤기는 엄마 속도 모르고 신나서 말했다.

"엄마, 좋은 생각인 것 같아요. 배드민턴 칠 때도 뜰이 작아서 아쉬웠는데 합치면 정말 좋을 것 같아요. 다섯 집이 울타리를 다 헐면 다섯 배의 뜰을 가지게 되는 거잖아요."

"그런 뜰을 가져서 뭐하게?"

엄마는 참 낭만이 없다. 그런 뜰이 있으면 얼마나 좋을까. 어쩜 축구도 할 수 있고, 운동회도 할 수 있을지 모르는데.

"덩치 큰 개가 왔다갔다하는 것도 싫어요. 심장이 벌렁벌렁하고 또 털 알레르기도 있고요."

엄마의 단호한 말투에 오지랖 박사님이 아쉬워하며 윤기에게 윙크를 했다.

"윤기는 자투리땅에 채소 심을 때 도와줄 거지? 리온이가 각종 씨앗을 시골에서 챙겨 왔다고 하더라."

"그럼요! 저는 하고 싶어요."

엄마가 옆에서 눈을 자꾸 깜박깜박 눈치를 보냈지만 윤기는 아랑곳하지 않고 하겠다고 했다.

"그런데 실제 하시는 일은……?"

아빠가 한참 머뭇거리다가 직업을 물었다.

"한수대학에서 학생들에게 경제를 가르치고 있습니다."

그 말이 끝나자 엄마, 아빠의 표정이 확 달라졌다. 오지랖 박사님의 말을 처음부터 내내 시큰둥하게 듣던 엄마와 아빠는 박사님이 대학에서, 그것도 서울에 있는 대학에서 경제학을 강의하는 교수님이라는 사실이 믿겨지지 않는다는 표정을 지었다.

그래도 엄마와 에코 캐슬 아줌마들은 모이기만 하면 오지랖 박사님 흉을 보았다.

"대학에서 강의하는 사람이 어쩌면 저렇게 돈 욕심이 많을까? 있는 사람이 더 지독하네."

"저런 거 신고해야 하는 거 아닌가요?"

그 모습을 본 아빠가 성가시다는 듯 말했다.

"괜찮은 이웃을 기대했는데 영 불편한 이웃이야. 담을 허물자고 하질 않나, 함께 밭을 만들자고 하질 않나. 앞으로 뭘 더 하자고 할까 봐 걱정이야."

엄마, 아빠와 달리 윤기는 신났다. 자투리땅을 일구고 함께 씨앗을 심으면서 리온이와 가까워졌다. 처음에는 오지랖 박사님 권유로 땅을 파고 씨앗을 심었는데 하다 보니 점점 그 일이 좋아졌다.

방과 후면 씨앗 뿌리는 재미에 푹 빠졌다. 그건 리온이가 준 새로운 기쁨이었다. 리온이는 남쪽 지방 시골에서 살다가 와서 그런지 자연에 대해 모르는 게 없었다.

어느 날, 윤기와 리온이 그리고 오지랖 박사님이 여러 가지 씨를 뿌리고 있는데 민재와 민주 누나가 지나갔다.

"얘들아, 너희들도 좀 도와주렴, 할 일이 많구나."

오지랖 박사님의 말에 민재와 민주 누나가 어쩐 일인지 순순히 고개를 끄덕였다.

"어른이 도와달라고 하니까 도와주는 거예요. 고마워하셔야 해요."

그러자 민주 누나가 민재의 옆구리를 쿡 찔렀다.

"김민재! 예의 좀 없는 내 동생. 어차피 도와주려고 마음먹

었으니 그런 말은 안 해도 될 것 같다."

"여러 명이 함께 하니 일이 예상보다 일찍 끝났구나."
 오지랖 박사님이 손을 툭툭 털며 만세를 불렀다. 잡초가 가득했던 자투리땅이 사람 손이 닿자 요술처럼 아름다운 밭이 되었다.
 "애들아, 우리 집에 가서 간식 먹고 가. 우리 엄마가 쿠키 만들어 놨을 거야."
 "너희 집에 오븐 없잖아. 오븐 없는데 쿠키를 어떻게 만들어?"
 민재였다.
 "쿠키를 꼭 오븐에 만들어야 하는 줄 아는구나. 그냥 팬으로도 얼마든지 만들 수 있어."

리온이가 미소를 지으며 말했다. 연예인도 아닌데 리온이는 언제나 뒤에서 후광이 비쳤다. 도시 아이처럼 얼굴이 하얗거나 특별히 세련된 것도 아닌데. 게다가 성격도 좋다. 윤기는 넋을 잃고 리온이를 쳐다보았다.

헨리하우스 거실에 윤기와 민재, 민주 누나, 리온이가 둘러앉았다.

"가구가 없으니까 시원하고 좋네요."

민주 누나가 거실을 둘러보고 말했다.

"아저씨, 생활비가 모자라요?"

민재가 정말 궁금하다는 듯이 물었다.

"그건 왜 물어? 생활비 부족하면 네가 좀 주려고?"

"그게 아니고요. 대학에서 월급도 많이 받을 텐데 방을 왜 빌려주는지 궁금해서요. 그것도 생판 모르는 사람에게요."

민재의 말에 경제 박사님이 옛날에 겪었던 이야기를 해 주었다.

"내가 저기 남쪽 지방에 살았을 때 이야기야. 외국 출장을 가야 했는데 오전 9시에 출발하는 비행기를 타야 했어. 국제선을 타려면 적어도 공항에 출발 두 시간 전에는 도착해야 해. 그런데 살던 곳이 공항과 꽤 거리가 있어서 새벽에 나가야 했는데 그때는 교통편이 마땅치 않았어. 그래서 출국 전날 공항 근처 비싼 호텔에서 묵거나 불편한 공항 의자에서 쭈그리고 자다가 비행기를 타야 했지. 그게 너무 힘들어서 만약 공항에서 가까운 곳으로 이사하게 되면 방을 빌려 줘도 좋겠다고 생각했어. 누구나 저렴한 값으로 내 집처럼 편안하게 하루 쉬었다 공항으로 갈 수 있도록."

"정말 좋은 생각이에요."

윤기가 얼른 나서서 한마디 했다. 그러자 민재가 잽싸게 끼어들었다.

"박글쎄요가 웬일이야? 자기 생각도 얘기하고."

윤기는 속으로 화가 좀 났지만 꾹 참고 다음 얘기를 했다.

"돈도 벌고 방이 필요한 사람에게 방을 빌려주고. 서로에게 좋은 거잖아요. 이런 게 세계적으로 뻗어 있으면 완전 대박일 것 같은데?"

윤기의 말에 민주 누나가 한심하다는 듯 쳐다보았다.

"그거 벌써 딴 사람이 하고 있어. 너 에어비앤비도 못 들어 봤냐?"

에어비앤비. 처음 만났을 때 아저씨에게 듣긴 했지만 자세히 알아보지는 않았다. 윤기는 머릿속으로 잽싸게 애어비앤비를 추측해 보았다. 에어는 공기, 비앤비는 뭐지? 이럴 때 척 알아맞히면 정말 좋을 텐데. 그러면 민재에게 더 이상 무뇌아라는 놀림은 받지 않을 텐데. 그나저나 민재도 가만히 있는 걸 보니 모르는 것 같았다.

"아, 좋은 아이디어 생각났다! 에어비앤비 이야기를 콘텐츠로 만들어 유튜브에 올리자."

민주 누나가 그 자리에서 스토리를 짜기 시작했다.

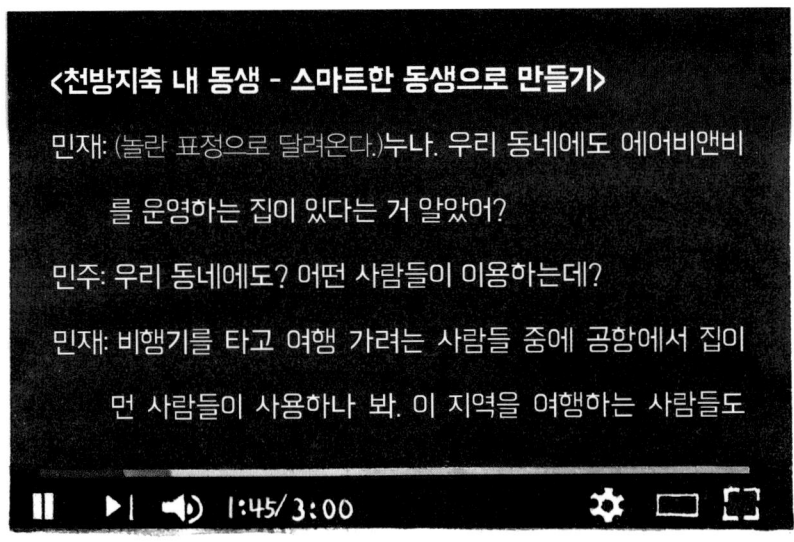

<천방지축 내 동생 - 스마트한 동생으로 만들기>

민재: (놀란 표정으로 달려온다.) 누나, 우리 동네에도 에어비앤비를 운영하는 집이 있다는 거 알았어?

민주: 우리 동네에도? 어떤 사람들이 이용하는데?

민재: 비행기를 타고 여행 가려는 사람들 중에 공항에서 집이 먼 사람들이 사용하나 봐. 이 지역을 여행하는 사람들도

이용한대.

민주: 그런데 에어비앤비가 무슨 뜻인지 아니, 내 동생?

민재: 에어는 공기고, 비앤비는 뭐지?(민재, 머리를 긁적인다.)

민주: (피켓을 번쩍 들며)비앤비의 영어 철자는 B&B의 약자야. 힌트를 하나만 더 주자면 여행할 때 필요한 게 뭐가 있을까?

민재: 여행하려면 여권이 필요하니까 비자?

민주: 그런 V로 시작해. 한 번 더 기회를 줄게. 다시 생각해 봐.

민재: 그래도 잠을 자야 하니까, 침대?

민주: 침대, Bed 정답! 또 하나는 아침의 영어 Breakfast 그러니까 침대와 아침이 제공된다는 얘기야.

(푹신한 침대 그림과 먹음직스런 아침 식사 사진을 보여준다.)

이렇게 에어비앤비처럼 뭔가를 빌리고 나누는 일을 공유경제라고 합니다. 공유경제는 물품을 소유의 개념으로 생각하는 것이 아니라 함께 빌려 쓰는 개념의 경제활동을 가리키는 표현이랍니다.

0:38/3:00

윤기는 감탄하고 또 감탄했다. 민주 누나는 언제 어디서든 콘텐츠를 발견하고 또 멋진 스토리까지 만들어 내는 크리에이터였다. 민재는 그런 누나가 있으니 얼마나 좋을까?

 리온이가 살짝 미소를 지으며 두 남매를 바라보았다. 그러더니 윤기와 눈이 마주치자 윙크를 날렸다. 윤기의 가슴이 콩닥콩닥 뛰었다.

진짜 쓰레기

"윤기야, 박윤기!"

옆집에서 리온이가 손나팔을 만들어 윤기를 불렀다. 덩달아 헨리도 윤기를 불렀다.

"컹컹, 컹컹."

헨리 짖는 소리에 숙제를 하고 있던 윤기의 얼굴이 보름달처럼 밝아졌다. 뛰쳐나가려는 윤기를 엄마가 막았다.

"내가 하라고 한 수학 예습 문제는 다 풀었니? 쟤는 공부는 안 하고 만날 너를 불러내는 거니? 오늘은 또 뭘 시키려고? 정말 못마땅해."

토요일, 일요일이면 엄마는 윤기를 꼼짝 못하게 하려고 각종 문제집을 내밀었다. 다른 때 같았으면 하루 종일 늘쩡늘쩡 문제 하나에 매달려 있었을 텐데 요즘은 달랐다. 리온이가 온 뒤로 윤기는 매일매일 즐거웠다.

리온이는 윤기네 학교로 전학을 왔다. 안타깝게 같은 반이 되지는 않았지만 그건 별 상관이 없다. 사는 곳이 바로 옆집이니까.

"쟤는 공부도 안 하는데 왜 성적이 괜찮지? 책만 읽는다고 하던데 그래서 그런가?"

윤기는 엄마가 고개를 갸우뚱하는 것을 보고 슬며시 입가에 미소를 지었다. 리온이는 윤기랑 너무 달랐다. 어떤 의견이든지 꼭 분명하게 말했다. 윤기처럼 글쎄요, 하면서 말을 얼버무리지 않았다.

그런 리온이를 보고 엄마는 제멋대로 키워서 그렇다고 했다. 제멋대로 키워서 그런 건지는 잘 모르겠지만 리온이는 자기 생각이 뚜렷한 아이였다. 어쩌면 제멋대로 자란 것이 맞는 것일지도 모르겠다. 씨앗을 뿌리면 그 씨앗은 햇빛과 비를 맞고 자기 멋대로 자라니까.

"엄마! 엄마가 하라는 건 다 했어요! 나 이제 놀러 나가도

되죠?"

엄마가 어이가 없다는 표정을 지었다.

"세상에, 내가 그렇게 말해도 안 되는 게 리온이라는 애 때문에 되었네?"

윤기는 바람처럼 달려 나갔다.

"에이, 여기 울타리만 없으면 5초면 될 텐데."

헨리하우스에 가니 리온이가 방긋 웃으며 맞아 주었다.

"아빠가 우리에게 특별 미션을 준대. 재밌는 일을 벌이실 건가 봐."

"미션?"

윤기는 이맛살을 찡그렸다. 미션이라고 하면 왠지 어려운 일인 것 같아 지레 겁을 먹었다.

"걱정하지 마, 우리 아빠가 설마 어렵고 재미없는 미션을 주겠어?"

리온이의 말이 끝나자마자, 오지랖 박사님이 2층에서 내려오셨다. 2층에는 방 하나 화장실 하나가 있다. 오지랖 박사님은 그곳을 침실 겸 서재로 쓴다고 하셨다.

"우리가 오늘 할 미션은?"

오지랖 박사님의 말이 끝나자 리온이가 빠밤, 하고 나팔 소리를 냈다.

"죽은 물건 구출 작전!"

"그게 무슨 말이에요? 원래 물건은 다 죽은 거 아닌가요? 물건이 살아 있다고 생각하면 으으, 생각만 해도 소름이 끼쳐요."

"윤기야, 재미있을 것 같지 않아?"

"그, 글쎄……."

아차차, 이런 말 쓰지 않기로 했는데. 윤기는 제 입을 손바닥으로 탁탁 두 번 때렸다.

"3년 이상 쓰지 않은 물건은 죽은 물건이나 똑같다. 그렇게 죽은 물건을 하나 가득 쌓아 놓고 살 것인가?"

오지랖 박사님의 말에 리온이가 얼른 대답했다.

"아니요!"

"그럼, 어떻게 할 것인가?"

이번에는 윤기가 대답했다.

"누군가 필요한 사람에게 나눠 주면 그 물건이 살아나겠네요!"

윤기는 이제 오지랖 박사님과 리온이와 죽이 척척 맞았다. 그 짧은 동안 이렇게 친해질 수가 있다니. 놀라운 일이다.

리온이가 근엄한 얼굴로 말했다.

"너, 집에 가서 3년 이상 쓰지 않는 물건이 무엇이 있는지 조사해 와 봐. 너희 집에는 분명 쓰지 않는 물건이 많을 것 같아. 너 물건 잘 버리지 못하는 성격이지?"

"글쎄……."

"또 글쎄!"

"아차차!"

윤기가 볼멘소리를 했다.

"그러니까 내 말은 내가 왜 그걸 해야 하냐고!"

"보다시피 우리 집에는 죽은 물건이 거의 없어. 물론 내가 다시 찬찬히 조사해 볼 거긴 하지만."

윤기는 할 말이 없었다. 오지랖 박사님이 이사 왔을 때도 또 리온이와 리온이 엄마가 왔을 때도 짐은 모두 단출했다.

"너, 예쁜 우리 딸과 함께 미션을 수행하고 싶지 않아?"

"우와, 딸을 미끼로 노동을 착취하는 아빠는 처음 본다."

윤기는 말은 그렇게 했지만 그 미션을 무척 재미있겠다고 생각했다.

집에 돌아와 윤기는 자기 방 구석구석에 놓여 있는 물건들을 점검해 보았다.

"필요 없는 물건을 너무 쌓아 놓고 사는 건 아닌지 생각해 보자."

오지랖 박사님의 말이 자꾸만 떠올랐다. 그러고 보니 물건들이 너무 많았다. 책상 서랍 속에도, 책상 위에도, 책꽂이 위에도 물건들이 쌓여 있었다.

"일단 3년 이상 손대지 않은 물건들 목록을 만들고 그 옆에 ○△× 표시를 해 놓자."

윤기는 책꽂이 곳곳에 있는 물건부터 찬찬히 조사하였다.

물건 이름	필요한가?	이유
야구 글러브와 야구 배트	○	지금은 못 하지만 나중에 할 것 같아서
유치원 때 외삼촌에게 선물받은 게임기	×	유행이 지나도 한참 지나서
1학년 입학식 때 입었던 양복	△	혹시 동생이 태어나면 주려고 했는데…
CD 플레이어	×	요즘 누가 음악을 CD로 듣나
축구공	○	언젠가 하겠지
공룡 장난감	×	아깝긴 하지만 공룡을 가지고 놀 나이는 지남
미니카 12개	×	이제 자동차에는 관심이 없음
게임스틱	×	이제는 그 게임 안 해서
오래된 노트북	×	새로 산 노트북이 있으니까
위인전, 전래동화 등 전집류	×	읽을 나이는 지남 (사실 반도 안 읽음)

"내가 안 쓰면 고물에 불과하지만 다른 사람이 필요하면 보물이 될 수 있지! 맞는 말이야, 맞는 말이고말고!"

윤기는 × 표시가 되어 있는 물건의 먼지를 닦아 하나씩 상자 속에 넣었다.

"아니, 우리 아들이 웬일이야? 그렇게 누구 주자고 해도 듣지도 않더니!"

엄마가 윤기 방에 들어와 깜짝 놀랐다는 듯 말했다.

"아, 참! 엄마도 장롱에서 3년 이상 잠자고 있는 옷을 기부해요. 단, 깨끗이 세탁하고 손질해서 주셔야 해요. 꼭 필요한 사람에게 나누어 줄 거예요."

엄마는 시간이 없다고 일을 미루더니 윤기 등쌀에 드디어 날을 잡았다. 안 입는 옷이 네 박스나 나왔다. 윤기의 잔소리에 엄마는 먼지가 많이 묻은 옷은 세탁소에 맡겼고, 집에서 손질할 수 있는 것들은 집에서 손질했다.

처음엔 시큰둥했던 에코 캐슬 사람들도 하나둘씩 장롱을 정리하기 시작했다.

"우리 엄마, 요즘 장롱 정리하느라 난리 났어."

"옷이 세 박스나 돼, 구두도 엄청 많아."

어느 날, 오지랖 박사님이 동네 아이들을 불러 모았다.

"이왕 이렇게 된 거 벼룩시장을 한번 열어 보자. 우리가 사는 에코 캐슬뿐 아니라 다른 동네에도 전단지를 돌릴 거야.

전단지는 리온이가 알아서 만들 테니 너희들은 인근 동네의 아파트에 뿌려 주렴."

그 말에 가을이가 걱정 말라는 듯 자신 있게 말했다.

"학교에 가져가서 아이들에게 주는 게 가장 빠를 거예요."

윤기는 리온이와 함께 아이들을 찾아다니며 벼룩시장을 여는 일을 도와달라고 했다. 혜지와 가을이가 두 팔 벌려 환영했고, 민재는 할 수 없이 고개를 끄덕였다.

"모은 옷들은 다 어떡할까요?"

엄마들의 말에 오지랖 박사님이 대답했다.

"헨리하우스로 보내 주세요."

나온 옷들은 모두 멀쩡했다. 유행이 지났거나 작아져서 못 입는 옷들, 구두 등이 가장 많았다.

"오지랖 박사님, 우리도 도울게요."

"당연히 도와야지. 물건 정리 배치는 어른들이 해 줄 테니 너희들은 그날 판매를 맡아다오."

민주 누나의 지휘 아래 아이들은 벼룩시장 운영의 원칙을 정했다.

"벼룩시장의 물건은 서로 교환을 하거나 싼값에 팔아야 해!

아무리 상태가 좋거나 비쌌던 물건이어도 2,000원을 넘어선 안 돼."

민주 누나의 말에 민재가 초를 치듯이 말했다.

"2,000원이면 떡볶이 1인분 값인데. 떡볶이를 사 먹는 게 낫겠다."

아이들이 동시에 민재에게 눈총을 보냈다. 민재는 찍소리 안 하고 입을 다물었다.

드디어 벼룩시장 열리는 날이었다. 리온이 엄마는 사람들에게 나눠 줄 쿠키를 구워 왔다. 에코 캐슬 주민뿐 아니라 근처 아파트, 또 다른 단독주택 단지에서도 사람들이 많이 몰려왔다. 멀리서 공항 철도를 타고 온 사람들도 있었다.

"손님들이 너무 많으니까 일을 분담해서 하자."

민주 누나의 지휘 아래 어른 옷은 리온이네 가족이, 아이들 옷은 민재네 가족이, 장난감은 윤기네 가족이 맡아서 팔기로 했다. 물건값 계산은 똘똘한 부회장 가을이와 가을이의 절친 혜지 두 사람이 하기로 했다.

오랜만에 혜지의 할머니, 할아버지도 참석했다. 노란 옷을

입은 혜지 할아버지는 할아버지라고 믿기 힘들 정도로 젊어 보였다.

"제가 혜지 할애비고, 이쪽은 할머니입니다."

"안녕하세요, 오경제입니다. 우리 캐슬에서 가장 어른이신데 인사가 늦었습니다."

"아이고, 무슨 말씀을요. 내가 개인택시를 하다 보니 일하는 게 워낙 들쭉날쭉해서 만나기가 어려웠을 겁니다."

어느덧 첫 번째 벼룩시장이 끝나 가고 있었다.

"이제 진짜 쓰레기가 뭔지 알았어. 쓰레기라고 하면 우리가 쓰다 버린 더러운 것들이라고 생각했는데 그게 아니었어."

윤기의 말에 가을이가 한마디 했다.

"집 안에 우리가 쓰레기를 이렇게 많이 껴안고 살았다니."

쓰레기가 될 뻔한 고물들을 보물로 탈바꿈시킨 벼룩시장은 대성공이었다. 마지막 손님이 떠나고 정산을 해 보았다.

"모두 56만 7천 5백원입니다."
가을이의 말에 윤기가 물었다.

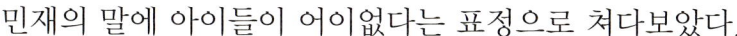

"와, 이 돈으로 뭐 하지요?"
"뭐하긴? 회식해야지."
민재의 말에 아이들이 어이없다는 표정으로 쳐다보았다.
"아, 농담이야, 농담! 내가 그 정도 개념 없는 애는 아니야. 나도 그 정도 개념은 있다고!"
가을이가 종이 상자에 담긴 돈을 오지랖 박사님에게 건네주었다.
"이건 내가 갖고 있는 것보다는 민주가 갖고 있는 게 좋겠어."
누나가 상자를 받으며 말했다.
"이 돈을 어디에 기부할지 각자 생각해 오는 게 어때요? 작은 돈이지만 꼭 필요한 곳이 있을 거예요."
아이들이 다음 약속을 정하고 각자의 집으로 돌아갔다.

윤기는 침대에 벌러덩 드러누웠다. 파김치처럼 몸이 축 늘어졌다. 하지만 기분은 참 좋았다. 누군가를 도와줄 수 있다는 것, 그것도 내가 안 쓰는 물건을 필요로 하는 누군가에게 돌아가도록 도와줄 수 있다는 것.

그날 저녁 '천방지축 내 동생, 스마트한 동생으로 만들기'의 새로운 영상이 올라왔다. 윤기는 곧바로 영상을 재생했다.
민주 누나가 카메라를 쳐다보며 말했다.
천방지축 내 동생처럼 세일을 '가격 할인'으로만 생각하는 사람들이 많을 것 같은데요. 오늘은 세일(sale)에 대해서 자세히 알아보겠습니다. 세일의 뜻은 아주 다양합니다. 판매, 매매, 매각, 가격 할인 등이 있지요.
"오늘은 개러지 세일(garage sale)에 대해서 알아볼까요? 민재군 혹시 이 말을 들어 봤나요?
민재가 어리둥절한 표정으로 대답했다.
"혹시 버러지 비슷한 건가요?"
실제 상황인지 민재의 연기인 건지는 잘 모르겠지만 웃음이 났다. 유튜브가 재미있는 건 민주 누나 때문이라고만 생각했는데 꼭 그렇지는 않을 것 같았다. 민주 누나가 표정 하나 변하지 않고 얘기했다.

"개러지는 차고라는 뜻의 영어 단어예요."

"그럼 차고에서 물건을 파는 건가요? 아! 그리고 보니 어떤 영화에서 본 것 같아요."

민재의 대답에 민주 누나가 고개를 끄덕였다.

"서당개 3년이면 풍월을 읊는다더니 이제 내 동생이 눈치가 빨라졌네요. 네, 그렇습니다. 집 안에서 자기가 안 쓰는 물건을 정리해서 자기 집 차고에 진열해 놓고 파는 어린이를 외국 영화에서 본 적이 있을 거예요. 가격은 1달러 정도로 아주 싸게 팔아요. 물론 아이들만 하는 게 아니라 어른들도 안 쓰는 물건을 싸게 팔아요. 물론 사는 사람들도 많고요."

"저처럼 개러지를 버러지로 생각하는 사람은 더 이상 없기를 바라면서 다음에 또 만나요!"

민재가 카메라를 쳐다보며 끝인사를 했다.

신나는 아르바이트

헨리하우스는 손님이 없을 때는 에코 캐슬 아이들의 사랑방이 되었다.

"3개월치 예약이 꽉 찼어."

오지랖 박사님의 말에 윤기가 손뼉을 쳤다.

"우와, 이제 헨리하우스에 묵고 싶어도 못 오는 사람들이 많겠네요."

"묵고 싶은 사람들은 많은데 방이 한 개 밖에 없으니. 필요로 하는 사람, 즉 수요는 많은데 공급이 부족하다는 것은 안타까운 일이야."

오지랖 박사님이 아쉬운 듯 말했다.

"인기가 많으면 가격을 좀 올리면 좋겠네요."

가을이의 말에 오지랖 박사님이 고개를 흔들었다.

"이럴 때 가격을 올리는 얌체족도 있겠지만 그건 초심을 잃는 거야. 헨리하우스는 그러면 안 되지."

"이럴 때 다른 집에서도 참여하면 좋을 텐데요."

가을이의 말에 이어 혜지도 한마디 했다.

"어른들은 알지도 못하는 사람이 들어와 묵는 것을 꺼리는 것 같아요. 엄청 불편하게 생각하지요."

모두들 고개를 끄덕였다.

"그렇지. 충분히 이해가 간다. 그런데 반대로 생각해 보면 누군가를 들이면서 그 사람과 특별한 관계를 맺을 수도 있다는 거지. 나는 그런 관계를 중요하게 생각한단다."

윤기는 집에 돌아와 남아 있는 1층 방을 들여다보았다. 원래는 윤기의 장난감 방이었지만 이제 윤기 가족의 온갖 잡동사니들로 가득한 방이었다. 잡동사니들을 처분하고 매트리스 하나만 들여놓으면 충분히 방을 공유할 수 있을 것 같았다.

방에서 나오니 식탁에 앉아 있던 엄마가 한숨을 내쉬었다.

식탁 위에는 통장들이 늘어져 있었다.

"엄마, 우리도 오지랖 박사님네처럼 방 한 개를 공유 개념으로 내놓으면 어떨까요?"

"애, 생판 모르는 남이 우리 집에 들어와서 잔다고? 생각만 해도 이상하다."

"그렇게만 생각하지 말고요. '누이 좋고 매부 좋고'라는 속담을 생각해 봐요."

윤기의 말에 엄마가 피식 웃었다.

"얼마 안 되는 돈이지만 우리 집 경제에 도움이 될지도 몰라요. 티끌 모아 태산이라는 말도 있잖아요."

"그런가? 네 말을 듣고 보니 맞는 것 같다. 어차피 남는 방, 빌려주고 약간의 돈을 벌 수 있고 방을 빌리는 사람은 싼 가격에 잘 쓸 수 있는 시스템이니 합리적인 일이지. 누이 좋고 매부 좋고. 집을 사면서 매달 대출 이자가 나가고 있으니 아주 쪼끔은 도움이 될 거야."

엄마가 드디어 고개를 끄덕였다.

윤기는 절로 어깨춤이 났다. 필요한 사람에게 방을 내주며 돈도 벌 수 있다는 것이 이렇게 기쁜 줄 몰랐다.

날이 더워지면서 자투리땅에 심은 채소들도 쑥쑥 자랐다. 사람들이 날마다 돌보지 않아도 씩씩하게 잘 자랐다. 어떤 땐 너무 잘 자라 채취하기가 벅찰 때도 있었다.

리온이가 좋은 아이디어가 있다며 벽보를 만들었다.

"이걸 에코 캐슬 곳곳에 붙여 놓자."

윤기는 리온이가 만든 벽보를 보고 활짝 웃었다.

"좋은 생각이야. 당분간 채소 거두는 일에서 해방되겠네."

**에코 캐슬 곳곳에 심은 채소는
에코 캐슬 주민들의 것입니다.
농약 안 뿌리고 깨끗하게 키운 것이니
필요한 분들은 마음껏 가져가세요.
대신 그다음 사람을 위한 에티켓은 지켜 주세요.
(적당한 양!, 뒷정리 깔끔하게!)**

벽보를 다 붙이고 돌아오는 길에 강의를 마치고 돌아온 오지랖 박사님을 만났다.

"윤기야, 너 아르바이트 좀 할래?"

"글쎄요."

"글쎄요라니! 거절하는 거냐?"

"그게 아니고요. 제가 아르바이트 할 능력이 되는지 생각해 보는 중이에요."

"헨리하우스 블로그 관리하는 일이야. 짬짬이 도와주면 될 것 같은데?"

윤기가 망설이자 리온이가 외쳤다.

"자신감을 가져! 넌 할 수 있어."

윤기는 오지랖 박사님을 빤히 쳐다보았다. 그런 건 리온이가 더 잘할 텐데 왜 나한테 부탁하는 거지?

오지랖 박사님이 윤기의 생각을 짐작했다는 듯 웃으며 말했다.

"리온이는 채소 경작하는데 힘을 써야 하니까 다른 일까지는 못 할 거야. 그러니 블로그 관리는 네가 좀 도와줬으면 좋겠다."

"제가 할 수 있을까요?"

자신감과는 거리가 먼 윤기가 고개를 떨구었다.

"뭐 어려운 건 없어. 매일매일 누가 언제 예약을 했는지 확인해서 숙박이 가능하면 가능하다고, 불가능하면 불가능하다고 메일로 연락을 주는 거야. 또, 오신 손님들이 남기고 간 쪽지라든가 사진을 찍어 블로그에 올리는 일도 하면 좋고."

윤기는 속으로 생각하고 또 생각했다.

'사진 찍어 올리는 건 학교에서 여러 번 해 보았기 때문에 어려운 일은 아닌 것 같은데. 그것만 해도 괜찮을까?'

리온이가 격려의 말을 했다.

"네가 '글쎄요'라는 말을 잘하는 것을 보고 다른 아이들은 우유부단하고 소신이 없다고 말하지만, 난 그 말버릇이 너의 신중함에서 나왔다고 생각해. 그러니까 결론은 네가 잘할 것 같다는 소리야."

윤기는 가슴이 벌렁벌렁 뛰었다. 다른 사람들이 모두 단점이라고 생각하는 것을 리온이와 오지랖 박사님은 장점으로 보아 주었다. 그렇게 중요한 일을 옆집 남자아이에게 맡긴다니. 윤기는 인정받은 것 같아 하늘을 날아가고 싶을 만큼 기분이 좋았다.

윤기는 개선장군이라도 된 양 큰소리로 외치며 집으로 달려 들어갔다.

"엄마, 아빠! 제가 헨리하우스 블로그를 운영하게 됐어요!"

"뭐야? 공부할 시간도 없는데 그런 걸 누구 맘대로 남의 아들한테 시키는 거야? 이 사람이 정말 보자보자 하니까."

아빠는 당장이라도 옆집 오지랖 박사님에게 달려가 멱살을 잡을 태세였다. 엄마도 화가 나서 얼굴이 붉어졌다.

윤기는 그런 엄마, 아빠의 두 손을 꽉 잡았다.

"엄마, 아빠, 제발! 정말 하고 싶어요. 내가 좋아하는 일이에요, 잘할 수 있는 일이라고요!"

간절하게 말하는 윤기 얼굴을 보더니 엄마와 아빠가 졌다는 듯이 의자에 털썩 앉았다.

"공부에 방해될 정도로 많은 시간을 필요로 하는 일이 절대 아니에요."

"정말 이상한 이웃 때문에 못 살겠어."

그러면서도 엄마는 아빠에게 귓속말을 했다.

"그런데 우리 아들이 적극적으로 변하고 있어요. 무슨 일인지 모르겠지만."

윤기는 그 일을 정말 잘하고 싶었다. 헨리하우스이니까 주인인 헨리의 일상도 시간 날 때마다 찍어 올렸다. 헨리가 바구니에 담긴 수건을 배달하는 일, 식탁 옆에서 음식을 바라보는 헨리의 모습도 찍어 올렸다.

집안 일상뿐 아니라, 주변 풍경도 찍어 올렸다. 리온이가 책임지고 가꾸는 자투리 채소밭에서 각종 채소가 자라는 모습도 올렸고 마을 주민들이 필요할 때마다 따 가는 모습도 찍어 올렸다. 조회 수와 댓글이 폭발적으로 늘어났다.

> "그 채소들을 먹을 수 있다는 거죠?"
>
> "그럼요! 취향대로 따서 드시면 됩니다."

그러던 어느 날이었다.

오지랖 박사님이 윤기의 눈을 뚫어지게 바라보았다.

"윤기 너, 일전에 유튜버 되고 싶다고 했던가?"

"아녜요. 그 꿈은 일찌감치 버렸어요. 저같이 우유부단한 아이가 어떻게……."

"1인 방송을 하는 건 어떻겠니?"

"1인 방송이요?"

"그래. 주제가 좋으면 아마 꽤 괜찮은 방송이 될 수도 있을 거야. 근데 명심할 것은 뭔가 대단한 걸 하려고 인위적으로 꾸미면 안 된다는 거야."

"그럼, 주제는 뭐로 하면 좋을까요?"

윤기가 조심스레 물었다.

"공유경제에 대해서 해 보면 어떻겠니? 우리 마을에서 일어나고 있는 작은 변화들을 이야기로 꾸며 구독자에게 들려주는 거야. 진심이 통하도록 말이야."

윤기의 가슴이 또다시 콩닥콩닥 뛰었다.

두 얼굴

 1인 방송을 시작했지만 구독자 수는 그다지 늘지 않았다. 아무래도 윤기가 버벅대며 방송을 한 탓인 것 같았다.
 "그래도, 윤기 대단해."
 "응원할게."
 반 아이들이 던지는 격려의 말이 많은 힘이 되었다. 특히 담임 선생님의 말은 용기가 불쑥 나오게 했다.
 "박윤기, 주제가 특이하고 좋아서 괜찮은 방송이 될 것 같아. 포기하지 말고 끝까지 해 보렴."
 민재는 윤기를 더 이상 '박글쎄요'라고 하며 놀리지는 않지만 뭔가 경계를 하는 것 같았다.

수업이 끝나고 민재와 함께 집에 오는데 민재는 말이 없었다. 빨리 가자고 재촉할 뿐이었다.

"야, 박윤기 빨리 와"

"왜 그렇게 빨리 가는데?"

"찬 우유를 급하게 먹었더니 탈이 난 것 같아. 빨리 집에 가야 돼."

민재가 배를 움켜 쥐며 말했다. 민재의 배에서 꾸루룩 꾸루룩 소리가 계속 났다.

"윽."

민재의 신음소리와 함께 뿌지직 소리가 들렸다. 냄새도 좀 났다.

하필 그때 저 멀리서 아이들이 무리가 걸어오고 있었다.

"어떡하지?"

"많이 쌌어?"

"아니, 그렇지는 않은데."

그러면서 민재는 멀리서 걸어오는 아이들을 자꾸만 쳐다보았다. 민재가 바지에 실례를 했다는 소문은 아마도 바람처럼 사방팔방으로 날아갈 것이다. 민재의 두 눈에 눈물이 어룽어

룽 어렸다.

'민재가 이깟 일에 울어?'

윤기는 유치원 다닐 때 똥을 지린 일이 하도 많아서 이 정도는 정말 아무것도 아닌 일이었다. 그저 속이 안 좋아서 그런 거니까. 하지만 민재는 자존심이 상했는지 울먹울먹 그 자리에 서 있었다. 민재에게 의외로 이렇게 약한 면이 있다니 놀라웠다.

윤기는 잽싸게 자신이 입고 있던 얇은 점퍼를 벗어 민재에게 건넸다.

"자, 이걸 허리에 둘러, 그러면 아무도 눈치채지 못할 거야. 어쨌든 집까지 무사히 가야 하니까."

"네 점퍼에 묻을 수도 있고 냄새가 밸 수도 있는데?"

"그게 무슨 대수야? 빨면 되지."

"너, 내일 학교에서 아이들에게 다 얘기할 거지?"

"글쎄."

윤기의 대답에 민재의 얼굴이 새파래졌다. 그 모습을 보고 윤기가 피식 웃었다.

"어이구, 유치하게 그딴 걸 뭐하러 얘기해?"

"정말이지? 약속해. 죽을 때까지 비밀이야!"

민재가 새끼손가락을 내밀었다. 엄지로 도장까지 찍고 손바닥을 맞부딪쳐 복사까지 한 다음 손바닥 안에 사인까지 하게 했다.

"옷은 깨끗이 빨아서 돌려줄게."

민재는 비로소 안심하더니 어기적거리며 자기 집 쪽으로 올라갔다.

무사히 도착했는지 저 멀리서 손을 흔들어 대는 민재를 보면서 윤기는 생각에 잠겼다.

'우리 모두는 두 얼굴을 가진 것 같아. 강해 보이는 민재도 약한 면이 있고, 약하게 보이는 나도 강한 면이 있고.'

아직 부모님들이 퇴근해서 돌아오려면 시간이 조금 남았다. 그런데 일찍 퇴근한 오지랖 박사님이 윤기네 집 주차장에서 얼씬거리고 있었다.

"박사님, 뭐 하세요?"

"이 자동차는 늘 이 자리에 있던데 고장 나서 안 쓰는 거니?"

"아녜요. 처음에는 엄마, 아빠가 각자 자동차를 갖고 다녔는데 이제 아빠가 공항철도를 타고 출근하니까요. 기름값도 많이 올라서 한 대만 굴리고 있는 거예요."

"어허, 그래? 그러면 이 자동차 내가 좀 빌려 써야겠구나."

"예? 남의 자동차를 빌려달라고요?"

"물론 공짜로 빌려달라는 건 아니다. 어차피 나는 주로 카셰어링(car sharing) 즉, 공유 자동차를 이용하는데 이곳에 이사 와서는 그것도 쓰기가 좀 힘들어져서."

윤기는 집 안으로 들어가며 오지랖 박사님에게 말했다.

"이따 저녁 때 잘 말씀해 보세요."

저녁이 되고 퇴근한 엄마와 아빠와 함께 저녁을 먹었다.

"윤기, 숙제는 다 해 놓았겠지?"

"그럼요!"

윤기는 자신만만하게 이야기하고 자기 방으로 들어갔다. 헨리하우스 블로그를 살피고 있는데 밖에서 오지랖 박사님의 목소리가 들렸다. 윤기는 반가운 마음에 거실로 나갔다. 엄마의 얼굴이 역시 걱정스럽게 굳어 있었다. 아빠는 아직 퇴근 전이었다.

"자동차가 필요할 때 가장 가까운 데서 빌려 쓰는 게 좋지 않을까 해서요. 사용료는 우리나라 자동차 공유 업체랑 똑같이 계산해 드리겠습니다."

"아, 그러지 말고 그냥 우리 자동차를 사시죠."

엄마의 제안에 오지랖 박사님이 손을 저었다.

"강의 나갈 때는 전철을 이용해서 매일 필요하지는 않습니다. 그리고 윤기 부모님도 이 차가 나중에 필요하실 수도 있고요."

"그렇다면 윤기 아빠와 의논해 보겠습니다."

밤늦게 퇴근한 아빠가 이 생각 저 생각을 하더니 결론을 내렸다.

"나쁘지 않을 것 같아. 저 자동차를 그냥 두는 것보다는 누군가 쓰는 게 자동차에도 좋을 것 같아."

오지랖 박사님은 계약서를 꺼냈다. 필요할 때마다 자동차를 함께 쓰기로 한다는 계약서였다. 계약서에는 사용에 따른

비용 지불에 대한 자세한 안내도 쓰여 있었다.

　오지랖 박사님은 마을 사람들이 모일 때마다 카풀(car pool: 가고자 하는 목적지나 방향이 같은 사람들이 한 대의 자가용을 함께 타고 다니는 일)을 권유했다.

　'오지랖 박사 아니랄까 봐 정말 별의별 참견을 다 하는군.'

　사람들은 말은 안 했지만 속으로 다 이런 생각을 하고 있는 듯했다. 얼굴 표정이 그렇게 말하고 있었다.

　"내가 내 차 갖고 가겠다는데 왜 당신이 상관이오?"

　급기야 가을이 아빠는 화까지 냈다.

　"우리 아이들이 살아갈 다음 세대를 생각해서입니다. 화학
　연료를 많이 쓰면 지구에 좋을 게 하나도 없지 않습니까."

"그걸 내가 몰라서 그래? 그런 것도 모를 줄 알고 무시하는 거야?"

가을이 아빠의 화는 쉽게 풀어지지 않았다. 하지만 오지랖 박사님은 언제 그런 일이 있었냐는 듯 가을이 아빠를 만나면 반갑게 인사를 나눴다.

"웃는 얼굴에 침 못 뱉는다더니……."

가을이 아빠는 오지랖 박사를 보면서 픽 웃으며 화를 풀었다. 어른들도 오지랖 박사님의 말이 틀리지 않다는 것을 알고 있다. 하지만 선뜻 동의하려고 하지는 않았다. 아이들은 헨리하우스에서 공유 택시에 대한 소식을 들었다. 에코 캐슬에 사는 혜지 할아버지는 개인 택시를 운영하는데 동료 한 분이 공유 택시 반대 시위를 하다 죽었다고 했다.

"얼마나 간절하면 스스로 죽음을 택하겠어. 나도 공유 택시 반대야."

혜지의 말에 가을이가 말을 이었다.

"그렇다고 하나밖에 없는 생명을 저렇게 쉽게 버리다니! 그건 어리석은 일인 것 같아."

"어리석다니! 그럼 파업에 참여한 우리 할아버지도 어리석다는 말이네?"

"아니야, 그런 말 아니야!"

"야! 야! 우리끼리 싸움 나겠다."

시끌벅적한 소리에 잠시 쉬고 있던 오지랖 박사님이 기지개를 켜며 거실로 나왔다.

"모두의 문제이지만, 우리끼리는 싸우지 말고 아무쪼록 평화롭게 갈등을 해결할 수 있지 않을까?"

박사님은 찬찬히 공유경제의 장단점에 대해 설명해 주셨다.

"공유경제는 사람들 간의 협동과 나눔을 기반으로 하는 서비스란다. 공유경제 방식이 인기를 얻으면서 사람들은 새로운 직업을 얻기도 했고, 바람직한 나눔의 형태를 체험하기도 했지."

민재가 오지랖 박사님의 말에 끼어들었다.

"윤기는 블로그 운영하는 직업을 얻었고, 우리들은 벼룩시장을 통해 나눔을 경험했지요."

그러자 다른 아이들이 한마디씩 했다.

"그건 우리 모두 알고 있는 사실이잖아."

"끼어들지 말고 일단 박사님 말을 끝까지 들어 보자."

민재가 머쓱한 듯 고개를 끄덕였다. 오지랖 박사님의 강의가 다시 시작되었다.

"외국의 예를 들어 보자면 차를 나눠 타는 서비스를 제공하는 업체인 '우버'가 있지. 또 방을 나눠 쓰는 '에어비앤비'는 이미 사람들이 많이 이용하고 있고 너희들도 이미 다 알고 있는 서비스야. 먼저 장점을 얘기해 볼까? 우리가 경험했듯이 집의 남는 방을 빌려주고 차를 나눠 타는 일은 효율적이고 모두에게 도움이 되지. 그렇다면 이렇게 장점만 있을까? 다른 나라의 예이긴 하지만 우버라는 택시를 예를 들어볼게. 이용하는 사람들이 다 만족하는 것은 아니야. 이용하는 사람들이 늘어나면 늘어날수록 피해를 보는 사람들도 많아졌어. 우버 때문에 택시 기사들이 일자리를 빼앗긴다고 시위를 벌이기도 했지."

"지금 우리나라에서 벌어지고 있는 일이기도 하지요."

민주 누나가 심각한 얼굴로 말했다.

"가장 큰 문제점은 공유경제 시스템을 이용하다가 소비자가 피해를 보는 경우가 생겼을 때 어디서 보상을 받을지 애매하다는거야. 공유경제 기업에서는 사용자를 위한 앱

(application: 특정 업무 수행을 위해 개발된 전산상의 응용 프로그램)을 만들어 주었을 뿐이고 개인 간의 서비스 교환은 책임을 지지 않으니 사고가 발생할 수 있어. 말하자면 법적인 보호 장치가 미비하다는 거야."

오지랖 박사님이 말을 이었다.

"어떤 사람에겐 좋은 제도가 또 다른 사람에게는 좋지 않은 제도가 될 수 있다는 점을 명심해야 해. 서로 보완하고 절충하는 태도가 필요하지."

아이들이 좋은 얘기를 들려주신 오지랖 박사님에게 큰 박수를 보냈다.

"그러고 보면 세상 모든 만물은 두 얼굴을 가지고 있는 것 같아. 언제나 좋을 수도 없고 언제나 나쁠 수도 없고."

생각에 잠겨 있던 윤기가 불쑥 한마디 했다.

"와, 박윤기 철학자 다 됐네."

민재였다. 민재가 윤기를 칭찬하고 있었다. 윤기는 민재를 바라보았다. 민재가 손가락 하트를 날렸다.

"윽!"

윤기가 토하는 시늉을 했다.

나눔의 기술

"채소가 너무 많아! 채소가 너무 잘 자라!"

리온이가 함성을 질렀다. 기쁜 함성인지 괴로운 함성인지 모를 요상한 함성을.

"오늘은 에코 캐슬을 한 바퀴 돌아야겠어."

리온이가 두 바구니 가득 채소를 따오더니 결심한 듯 말했다.

"그렇게 따 가라고 말했는데도 내 것이 아니라고 생각하니까 잘 안 따 가네."

윤기와 민재가 채소 나눔을 하는 리온이를 따라다니기로 했다. 채소라고 해도 두 바구니나 되니 혼자 가게 할 수는 없었다.

"고마워, 흑기사들!"

"흑기사가 아니고 일꾼!"

윤기와 민재가 짠 것처럼 똑같이 말했다.

"쳇, 언제부터 너희들 그렇게 친해진 거야? 서로 못 잡아먹어 안달 난 앙숙이더니."

바구니는 윤기와 민재가 각각 하나씩 들고, 리온이는 빈손으로 룰루랄라 노래하며 맨 꼭대기에 있는 집부터 들렀다.

딩동!

가장 먼저 들른 집은 혜지네 집이었다. 혜지는 할머니, 할아버지와 함께 살고 있었다.

"할머니가 가지를 좋아하신다 해서 가지를 갖고 왔어요. 한 끼는 충분할 거예요."

리온이의 말에 혜지 할머니가 곤란한 표정을 지었다.

"사실 어제 마트에 가서 가지를 사 왔거든. 대신 여기 있는 열무를 주면 어떨까?"

"괜찮아요. 필요하신 걸 가져가시면 돼요. 또 필요한 거 없으세요?"

"번번이 얻어먹기만 하니까 얼마나 미안한지."

그때 혜지가 나왔다.

"우리 할머니 열무김치 정말 끝내줘. 할머니 열무김치 담가서 얘네들 초대하고 싶어요. 열무김치 비빔국수 해 주실 거죠?"

"그럼 그럼! 얼마든지 해 줄 수 있지!"

혜지 할머니는 뭔가 생각난 듯이 부엌으로 부리나케 가시더니 소시지 한 묶음을 들고 오셨다.

"혜지 할아버지가 혜지가 좋아한다고 소시지를 사 왔는데 1+1이네."

그러면서 소시지를 바구니에 넣어 주었다.

혜지가 아쉬운 듯 세 아이를 배웅해 주었다.

"얘들아, 너희들 수고가 많다. 나도 도와주고 싶은데, 오늘 해야 할 일이 있어서."

"괜찮아. 다음에 도와줘. 아직도 딸 것들이 많거든. 나눌 것도 많고."

리온이가 괜찮다고 혜지의 등을 툭툭 두들겼다.

"자, 이제 바로 옆 민재네 집으로 가자!"

"우리 집에는 야채 좋아하는 사람이 없어서 필요 없을 것 같은데?"

말은 그렇게 했어도 민재는 친구들이 자기 집에 찾아가서 그런지 신이 났다.

대문 앞에서 장사꾼처럼 노래를 불러 댔다.

"야채가 왔어요, 야채가! 싱싱한 야채가 왔습니다."

민재는 바구니를 들고 현관문을 열고 또 노래를 불렀다.

"하나 먹고 둘이 죽어도 모를 기가 막힌 야채가 왔습니다!"

민재 엄마가 머리에 수건을 두른 채 현관으로 나왔다. 머리를 감고 있는 중이라고 했다.

"지난번에 야들야들 깻잎 드렸죠? 이번에는 쑥갓이에요. 무침해서 드시면 맛있을 거예요."

"애들아, 고맙다. 우리 아들이 배달해 줘서 더 맛있을 것 같네."

부엌으로 채소를 들고 가는 민재 엄마 등에 민재가 한마디 했다.

"엄마, 텃밭 농사에 한 번도 참여 안 하셨죠?"

"얘는! 내가 바빠서 그렇잖아. 다음엔 꼭 참여할게."

리온이가 민재를 신기한 듯 쳐다보았다.

"이야, 너 어떻게 그런 것들 다 기억하고 있니? 용하다!"

민재가 어깨를 으쓱거리며 리온이와 윤기를 바라보았다.

"이렇게 번번이 얻어먹어서 어쩌지?"

"그럼 남는 식재료 있으면 나눠 주세요. 제가 그걸 필요한 다른 사람들에게 또 나눠 줄게요.

"그거 좋은 생각이네. 내가 어제 파프리카를 샀는데 너무 많은 거야.

그러면서 민재 엄마가 노랑 파프리카와 빨강 파프리카를 두 개씩 바구니에 넣어 주었다.

"그런데 이 소시지도 나눠 주는 거니?"

"소시지 필요하세요?"

"응, 우리 아들이 좋아하잖아."

"필요하면 가져가서도 돼요."

그러자 민재가 끼어들었다.

"엄마, 소시지 먹으면 살찌고 건강에 안 좋다고 먹지 말라고 말했잖아."

"그래. 소시지는 다른 사람한테 양보해야겠네."

그러면서 민재 엄마가 손을 흔들었다. 다음 집에 빨리 가 보라는 뜻이었다.

리온이의 나눔 기술은 정말 절묘하다. 공평하게 기분 좋게, 부담스럽지 않게 모든 사람에게 채소를 나눠 주고 있었다. 집집마다 다니며 채소를 나눔하니 받는 사람도 기분 좋고 주는 사람도 기분이 좋았다.

마지막은 윤기네 집이었다.

윤기네 집에는 오이고추와 당근이 배달되었다.

"남는 식 재료가 없으면 안 주셔도 돼요. 혹시 노랑 파프리카 필요하신가요?"

"노랑 파프리카가 아쉬웠는데. 리온, 고마워."

윤기 엄마가 리온이를 보고 어쩐 일인지 활짝 웃었다.

"넉넉하게 남은 식 재료를 꼭 필요한 사람과 공유한다. 이것도 공유경제랍니다. 너무 많이 사서 야채 박스에 처박혀 있다가 버리는 야채가 있으면 기부하세요."

윤기의 말에 엄마가 기가 막힌다는 얼굴로 윤기를 한참이나 쳐다보았다.

'너, 우리 아들 맞니?' 하는 표정이었다.

"남은 채소가 이제 거의 없네. 이제 집에 가자."

리온이의 말에 민재가 한마디 했다.

"이제부터 사람들에게 인기가 있는 채소 위주로 심으면 안 될까?"

"그러면 골고루 먹을 수가 없으니까 안 돼."

리온이의 말에 민재가 고개를 끄덕였다.

"그렇군."

헨리하우스에 도착하자 리온이는 자신의 텃밭 연구 프로젝트를 보여 주었다.

"오이는 실패했지만 나머지 채소들은 성공적이야. 근데 아직도 상추는 많이 남아 있네."

상추는 너무 잘 자라 처분하기 어려울 정도였다.

"이 많은 상추를 어떡하지?"

윤기가 걱정스런 눈빛으로 리온이를 쳐다보았다.

"뭘 걱정해? 내일 학교에 가서 아이들에게 풀어놓자."
리온이는 상추를 작은 비닐 봉지에 착착 넣었다.

리온이의 텃밭 연구

이른 봄
밭에 퇴비를 뿌려 준다. 퇴비는 절대 화학 비료를 쓰지 않고, 음식물 찌꺼기를 썩힌 후 쓰면 좋을 듯.

봄
상추와 쑥갓을 기본적으로 심어 준다.
호박, 가지, 오이, 들깻잎 등을 모종을 구해 심는다.

오이-물을 자주 줘야 하니까 가까운 곳에 심는다.

들깨-아무데서나 잘 자라고 고소하고 맛있다. 사람들이 대체적으로 좋아하는 채소.

가지-밑에 있는 잎만 제때 따 주면 햇볕을 잘 받아 주렁주렁 열매가 열린다. 될 수 있으면 빨리 따는 것이 좋다. 오래 두면 가지가 꼬부라진다.

방울토마토-잘 심어만 놓으면 언제든지 따 먹을 수 있다.

고추-오이고추가 맵지 않아 좋을 것 같다.

"우리 반 아이들 모두에게 골고루 나눠 줄 거야."

"우리가 생각하지 못하는 걸 리온이가 하는구나. 리온이의 나눔 기술은 누구도 따르지 못할 거야."

민재의 말에 윤기가 싱긋 웃으며 말했다.

"민재야, 그런데 왜 이렇게 기분이 좋지?"

뭐든지 빌려주는 도서관

아이들은 툭하면 모였다. 채소 나눔을 하기 위해서 모이기도 했고 그냥 놀려고 모이기도 했다.

"오지랖 박사님! 의논드릴 일이 있어요. 금요일 밤, 박사님네 집 뜰에서 회의를 할게요. 그래도 되죠?"

"그럼, 얼마든지!"

"그럼, 그날 영화 한 편 볼까?"

"예, 밖에서요?"

"내가 준비할게. 그날 멋진 영화 한 편 보자."

그래서 금요일은 언제부터인가 특별한 날이 되었다. 사람들은 불타는 금요일이다 해서 '불금'이라고 부르지만 에코 캐슬

사람들에게는 '영금'이 되었다. 영화 보는 금요일.
금요일 저녁이 되었다. 아이들이 오지랖 박사님
뜰에 모두 모였다. 저녁을 먹고 난 후였다.

그날 간식은 모두 조금씩 가져오기로 했다.

"이걸 포트락(potluk: 각자 음식을 조금씩 가져와 함께 나눠 먹는것)이라고 해. 이것도 나눔이라고 할 수 있겠지?"

민주 누나의 말이었다.

영화 상영을 마치고 아이들은 회의를 했다. 영화를 보러 왔던 아이들의 부모님들도 남아서 회의를 구경했다.

"이제 조금씩 우리 마을이 이름처럼 돼 가는 것 같아."

윤기의 말에 리온이가 눈을 둥그렇게 떴다.

"그게 무슨 소리야?"

"우리 마을 이름이 에코 캐슬이잖아. 뭔가 조금, 다른 마을과는 달라지는 것 같지 않아?"

"맞아, 맞아. 달라지고 있는 건 분명해."

"그래서 말인데, 우리끼리 뭔가 근사한 일을 좀 해 보자."

윤기의 말에 다른 아이들이 눈을 크게 떴다. 주도적인 것과는 거리가 먼 윤기가 근사한 일을 해 보자니! 천지가 개벽할 일이었다.

수군수군 뭔가를 한참 의논하던 아이들이 어른들을 향해 중대 선언을 한다고 했다.

"발표는 박윤기 군이 해 주겠습니다!"

민주 누나의 말에 어른들이 깜짝 놀랐다.

"민주나 리온이가 아니고 윤기가 중대 선언을 한다고!"

"무슨 일이지? 얘네들이 몰려다니더니 무슨 일을 저지르는 거 아냐?"

민재 엄마와 가을이 엄마가 불안한 얼굴을 했다.

"우리는 뭐든지 빌려주는 도서관을 만들기로 했어요."

"뭐든지 빌려주는 도서관?"

오지랖 박사님의 두 눈이 휘둥그레졌다. 다른 어른들도 마찬가지였다.

"도서관하면 으레 책을 빌려주는 곳이라고 생각하잖아요. 그런 고정관념을 깨는 거예요."

윤기의 말에 오지랖 박사님이 손뼉을 딱 쳤다. 그건 뭔가 마음에 있는 일이 생기거나, 의견이 통일되었을 때처럼 만족스러운 상황에서 오지랖 박사님이 자주 하는 행동이었다.

"고정관념 깨기, 그거 내가 좋아하는 거다."

윤기 엄마와 아빠는 윤기가 나서서 뭔가를 하는 모습이 낯선지 자꾸만 고개를 갸웃했다.

"쟤 우리 아들 맞아?"

아빠의 말에 엄마가 고개를 끄덕였다.

"어떻게 할 건데? 우리가 도와줄 일은?"

윤기 아빠가 어쩐 일인지 관심을 가지며 물었다.

"장소만 빌려주시면 나머지는 우리 힘으로 해 볼게요."

이번에는 어른들이 적극 나섰다.

"장소는 어디가 좋을까요?"

"누구든 쉽게 드나들 수 있는 공간이어야겠지요?"

"윗집, 아랫집, 중간집이 서로 편하게 드나들려면 중간 지점이 좋을 것 같은데……."

"그런데 아이들이 모두 모일 수 있는 장소가 있나요?"

"맞아요! 그건 어려울 것 같네요."

장소가 해결되지 않으면 이 문제는 도저히 풀 수 없었다. 한참 동안 침묵이 흘렀다. 침묵을 깬 사람은 오지랖 박사님이었다.

"우리 집 차고를 개조하는 건 어떨까요?"

오지랖 박사의 말에 아이들의 눈이 보름달처럼 커졌다.

"그래, 우리 집은 차가 없으니까 그 공간이 늘 비어 있잖아."

 리온이가 거들자 나머지 아이들이 크게 손뼉을 쳤다. 가장 어려운 문제가 해결된 것이다.

 "공간을 꾸미는 건 어른들이 좀 도와주시면 될 것 같아요."

 "집에서 필요 없는 또는 남는 책꽂이, 가구를 갖다 놓고 바닥은 따뜻하게 하는 방법이 있을 거야."

 "간단한 음식도 할 수 있는 조리대가 필요해."

 아이들은 만들지도 않은 도서관을 머릿속에 벌써 만들어 놓은 듯 들떠 있었다.

 "공동으로 쓸 수 있는 책, 장난감 등도 갖다 놓아야지."

 "도서관은 책만 빌릴 수 있는 공간이라고 생각했는데 그게 아니네."

 "우리 어른들도 거기서 모여 밥도 먹고 회의도 하자고요."

 그때 민재가 들뜬 목소리로 말했다.

 "난 자전거도 갖다 놓을 거야. 내 자전거 타고 싶은 사람, 언제든지 타도 돼."

 민재의 말이 끝나자 민주 누나와 리온이, 가을이, 혜지가 노래를 만들어 불렀다.

장난감도 서로 공유하며
책도 서로 빌려 보고
밥이 없으면 밥도 빌려주고
옷이 없으면 옷도 빌려주지.

그곳은 그곳은
뭐든지 뭐든지 빌려준다네.
꿈의 공간, 사랑의 공간
에코 캐슬, 뭐든지 도서관♪

노래가 끝나자 어른들도 아이들도 모두 힘차게 손뼉을 쳤다.
"난 거기서 잠도 잘 거야."
민재의 말에 리온이가 눈을 흘겼다.
"그건 안 돼!"
"왜?"
"도서관은 자는 곳이 아니니까."

리온이의 단호한 말에 모여 있던 사람들이 모두 배꼽을 쥐고 웃었다.

"그런데 질문 있습니다!"

민재 아빠였다.

"뭐든지 빌려주는 도서관에서 사람은 안 빌려줍니까?"

"예, 뭐라고요? 그, 글쎄요."

'아, 또 글쎄요가 나오네.'

윤기는 곧바로 다시 대답했다.

"어떤 사람이 필요하신데요? 여기서 얼마든지 골라 가세요."

윤기의 대답에 마을 사람들이 깔깔 웃었다.

"요즘 우리 아들이 마음에 안 들어서요. 다른 아들을 빌려 갈 수 있나 해서요."

민재 아빠의 말에 또다시 마을 사람들이 바닥을 치며 웃어 댔다. 민재만 입이 뽀로통 나와서 아빠를 노려보고 있었다.

뭐든지 도서관은 아직 완성되지 않았다. 현재에도 만들어 가고 있는 중이다.

윤기는 여전히 오지랖 박사님과 리온이의 도움을 받아 1인 방송을 한다. 여전히 구독자 수는 민재를 따라잡기 힘들지만 천천히 가기로 마음을 정했다. 1인 방송의 주제는 '공유경제로 행복한 마을 만들기'이다.

"윤기야, 우리 이제부터 진짜로 친구 돼 보자."

민재가 다가와 어깨동무를 했다. 가슴이 울컥했다. 뭔지 모르지만 몸과 마음이 많이 자란 느낌이었다.